AF748497

DIE 4 SÄULEN DER FINANZIELLEN FREIHEIT

WIE SIE IHREN FINANZIELLEN IQ EXPONENTIELL STEIGERN UND ALLES ÜBER FINANZEN, GELDANLANGE UND ERFOLGREICHE INVESTMENTS IN AKTIEN, ETFS, IMMOBILIEN & CO. LERNEN

INHALT

Einleitung

Herzlich willkommen in meinem Buch zum Thema finanzielle Freiheit und finanzielle Intelligenz . Es freut mich sehr, dass Sie hier gelandet sind und mehr über Finanzen erfahren wollen. Nun, wie soll ich anfangen? Im Großen und Ganzen ist dieses Thema sehr komplex, weshalb ich nicht auf jede Nische des Finanzmarktes eingehen kann. Dennoch habe ich mich bemüht, einen guten Mittelweg zwischen Basis- und Fortgeschrittenenwissen zu finden und die Schwerpunkte dieses Buches entsprechend verteilt.

Finanzielle Freiheit und finanzielle Intelligenz baut auf mehreren Faktoren auf, die sich vom eigenen Haushaltsbudget über das Money Mindset bis hin zum Kapitalmarkt erstrecken. Entscheidend ist, dass die Zielstellung dieser Faktoren stets gleich ist: finanzielle Unabhängigkeit. Ausgedrückt in der finanziellen Freiheit ist ein Zustand gemeint, in dem keine Arbeitseinkommen mehr bezogen werden müssen, weil entweder ausreichend Vermögen vorhanden ist oder die passiven Einnahmequellen den Lebensunterhalt stützen. Dieses Buch ist der ideale Ratgeber, um sich auf den Weg zur finanziellen Unabhängigkeit zu begeben und überzeugt vor allem durch die zahlreichen praxisnahen Tipps, die Ihnen in jedem Kapitel an die Hand gegeben werden.

Zunächst beschäftigen wir uns mit finanzieller Freiheit, damit die Zielstellung und mein Anspruch an den Erfolg dieses Buches verinnerlicht werden. Im Anschluss folgt eines der Hauptkapitel, welches sich mit Ihrer persönlichen finanziellen Situation auseinandersetzt. Analysiert wird neben der Ausgabenseite auch die Einkommensseite, da sie beide relevante Bestandteile einer erfolgreichen Verfolgung des Ziels finanzielle Freiheit sind.

Intelligentes Handeln bezüglich des privaten Haushaltsbudgets sowie am und um den Kapitalmarkt ist nur möglich, wenn entsprechendes Wissen vorhanden ist. Deshalb setzt dieses Buch an der Wurzel des Investierens an und erklärt Ihnen, worauf Sie beim Vermögensaufbau achten sollten. Darin enthalten sind unabdingbare Tipps, die niemals im Umgang mit hohen Geldsummen am Kapitalmarkt vernachlässigt werden dürfen. In einem zweiten Schritt gehen wir in die Betrachtung eines passiven Einkommens über. Neben Immobilien spielen dabei auch Aktienstrategien und alternative Konzepte eine Rolle, um regelmäßige Rückzahlungen aus Investitionen zu erhalten.

Um das große Kapitel rund um das passive Einkommen abzurunden, werden Sie auf typische Fehler hingewiesen, die am Kapitalmarkt nicht passieren sollten. Ich erspare Ihnen so den Lerneffekt aus der eigenen, womöglich schmerzhaften Erfahrung, denn ein Verlust von großen Geldsummen sollte unbedingt vermieden werden. Ich möchte Ihnen außerdem dabei helfen, eine Herleitung der finanziellen Intelligenz zu verstehen, indem ich Ihnen erkläre, warum Vermögensaufbau mittels Glücksspiels keine nachhaltige Form des Wirtschaftens ist.

Am Ende des Buches erhalten Sie ein Bonuskapitel, in welchem ich Ihnen wie gewohnt praxisorientiert Steuertipps an die Hand gebe, die Sie im Umgang mit der Kapitalertragsteuer benötigen werden. Aus Erfahrung weiß ich, wie schwer der Einstieg in das Thema Finanzen ist und wie umfangreich sich eine entsprechende Umsetzung im Alltag gestaltet. Ich hoffe, Sie sind bereit, Veränderungen in Kauf zu nehmen, um Ihre finanzielle Situation umzukrempeln. Lassen Sie uns loslegen.

Im letzten Kapitel dieses Buches finden Sie ein Glossar, in dem Fachbegriffe aus der Finanzwelt erklärt werden. Ich empfehle Ihnen, nachzuschlagen, wenn Sie etwas nicht verstehen. Schließlich ist eine solide Basis beim Thema Finanzen unersetzbar.

Finanzielle Freiheit

WAS IST FINANZIELLE FREIHEIT?

Der Einstieg in mein Buch erfolgt mit der Zielstellung, die aus finanzieller Intelligenz hervorgeht: finanzielle Freiheit. Die Commerzbank definiert finanzielle Freiheit folgendermaßen:

„Menschen, die die finanzielle Freiheit anstreben, möchten kein Budget für ihr Leben. Ihr Einkommen muss jede Anschaffung erlauben. Um einen luxuriösen Lebensstandard mit passivem Einkommen aus Vermögen zu leisten, müssen Sie entweder bereits über viel Geld verfügen, ein außergewöhnlich hohes Gehalt beziehen oder eine ideale Rendite erzielen."

Quelle: https://www.commerzbank.de/portal/de/ratgeber/finanzen/schritt-fuer-schritt-zur-finanziellen-unabhaengigkeit.html

Mit Budget meint diese Definition eine tägliche oder monatliche Beschränkung Ihrer Ausgaben. Ziel ist es daher, unabhängig vom eigenen Geldbeutel zu leben und nicht auf Preise achten zu müssen – dabei ist selbstverständlich, dass dies für Sie nicht gleichbedeutend mit dem luxuriösen Standard eines Villenbesitzers ist, sondern vielmehr den unbeschwerten Alltag einer wohlhabenden Person beschreibt. Später werden Sie mitbekommen, weshalb die Fiktion „Villenbesitzer" gar nicht so weit hergeholt ist, wie sie klingt, und welche Schritte bis dahin gegangen werden müssen.

„Jede Anschaffung" meint hierbei freilich nicht den Erwerb von zwei Luxusjachten täglich, denn das ist ohne ein enormes Startkapital in jungen Lebensjahren kaum möglich – und nebenbei auch nicht sinnvoll. Der zweite Abschnitt der Definition beschäftigt sich mit dem regelmäßigen Einkommen, welches eine Person erzielt. Dieses entsteht entweder aus einem hohen Gehalt aus dem Berufsleben bzw. aus der daraus resultierenden, teilweise sehr hohen Betriebsrente oder es handelt sich um passives Einkommen aus Investitionen, die nicht genauer spezifiziert werden.

Das ist zu diesem Zeitpunkt des Buches auch nicht notwendig, denn auf Sie kommen einige Strategien zu, mit denen Sie passives Einkommen generieren können –

seien Sie gespannt. Den Fakt, dass ebenfalls schon viel Geld vorhanden ist, damit der Traum der finanziellen Freiheit erfüllt werden kann, habe ich bewusst nicht weiter beleuchtet. In diesem Buch gehe ich davon aus, dass Sie zwar bereits etwas Geld gespart haben bzw. es in Zukunft vorhaben, allerdings trifft es nicht den Kern der Leser, davon auszugehen, dass sich bereits sehr hohe Summen auf ihrem Konto oder in ihrem Portfolio befinden. Sollte das dennoch der Fall sein, sind Sie hier selbstverständlich willkommen und richtig: Ich zeige Ihnen nicht nur, wie große Ersparnisse erwirtschaftet werden, sondern auch, wie sie verwaltet, gesichert und genutzt werden können.

Einige Experten definieren ein Drei-Schritte-Programm auf dem Weg zur finanziellen Freiheit, welches insbesondere bei der Umsetzung und bezüglich Detailfragen zu kurz greift, jedoch eine gute Übersicht als eine Art Fahrplan darstellt. So wissen Sie genau, wovon ich spreche, wenn später Prinzipien geklärt werden oder wir gemeinsam an Ihrem Mindset arbeiten.

Schritt 1 – Finanzieller Schutz:

Der erste Schritt in Richtung finanzielle Freiheit ist die Absicherung. Klingt nicht besonders spannend, ist aber unumgänglich. Hierbei geht es darum, sich vor finanziell schlechten Zeiten abzusichern. Damit meine ich neben Jobverlust oder großen Reparaturen auch mögliche Finanzkrisen oder gar Börsencrashs. Denn das passive Einkommen wird unter anderem an der Börse erwirtschaftet, doch dazu später mehr.

Die Wahrheit ist aber auch, dass selbst andere Möglichkeiten außerhalb der Börse nicht von etwaigen Finanzkrisen verschont werden. Immobilien in etwa können infolge von Zahlungsunfähigkeit mehrerer Klienten auf einen Schlag stark an Liquidität verlieren, weil die Mieteinnahmen ausbleiben. Dazu kommt, dass zu volkswirtschaftlichen Krisenzeiten häufig Entlassungswellen und/oder Kurzarbeit drohen, was die monatliche Haupteinkunftsquelle gefährdet, wenn Sie sich auf dem Weg zur finanziellen Freiheit befinden. Deshalb sollte es für Sie nicht schwer sein, sich für eine Notreserve zu entscheiden, die sowohl in der Höhe als auch bezüglich der Verfügbarkeit die Eigenschaften einer eisernen Reserve abdeckt. Empfohlen werden in der Regel drei Monatsgehälter (inklusive passive Einnahmen), da diese die Bedürfnisse Ihres Lebensstandards sehr gut zusammenfassen.

Ordnen Sie sich eher als risikoscheuer Mensch ein, darf die Reserve auch gern höher sein, aber denken Sie stets daran, dass nicht für Investitionen eingesetztes

Kapital *verlorenes* Kapital darstellt. Dazu erfahren Sie im großen Kapitel über passive Einkommensquellen noch mehr. Außerdem dreht es sich dann darum, wie Sie Ihr Kapital aufteilen sollten, damit bestmöglich und nach festgelegten Kriterien gewirtschaftet werden kann. Und eins noch: Lagern Sie die Reserve am besten in einem Bankschließfach in Bar oder auf einem Girokonto, denn zu Hause ist die nötige Sicherheit für hohe Geldsummen nicht gegeben. Eine Umwandlung des Geldwertes in zum Beispiel Edelmetalle wie Gold kann ich als Notreserve ebenfalls nicht empfehlen, denn auch der Goldpreis kann während einer Finanzkrise einstürzen, falls die Menschen Bargeld statt Investitionsgüter wie Edelmetalle bzw. Rohstoffe benötigen.

Schritt 2 – Finanzielle Sicherheit:

Intuitiver als Schritt 1 ist Schritt 2, die finanzielle Sicherheit. Gegeben, dass Sie durch den finanziellen Schutz bereits für Krisen abgesichert sind, folgt nun die Sicherheit, dass Sie Ihre monatlichen Kosten decken können. Bei der Vision der finanziellen Freiheit erfolgt die Kostendeckung nicht aus Arbeitseinkünften, sondern optimalerweise aus passivem Einkommen, wie zum Beispiel Renditen aus Immobilien oder Dividenden. Dafür notwendig ist, dass Sie sich der Höhe Ihres regelmäßigen Einkommens sowie der Höhe Ihrer regelmäßigen Ausgaben bewusst werden. Der Saldo sollte positiv sein, wenn Sie sich am Ziel angekommen fühlen.

Ich empfehle, neben der monatlichen Betrachtungsweise ebenfalls die jährliche Betrachtungsweise heranzuziehen, damit keine einmaligen (jährlichen) Ausgaben, wie zum Beispiel Urlaub, vergessen werden. Da diese Rechnung so essenziell auf dem Weg in Richtung finanzielle Freiheit ist und übrigens einen Kerngedanken der finanziellen Intelligenz ausmacht, habe ich ihr ein eigenes Kapitel gewidmet, welches im Anschluss an dieses einführende Kapitel folgt.

Schritt 3 – Finanzielle Freiheit:

Endlich, das Ziel finanzielle Freiheit ist im dritten Schritt erreicht, doch welches Upgrade nach Schritt 2 soll jetzt noch folgen? Wir fassen zusammen, dass sich der zweite Schritt dadurch auszeichnet, dass regelmäßige Einkünfte durch passive Einnahmen gedeckt werden können, doch das hat noch nichts mit Freiheit zu tun. Klar, Sie haben dann nicht mehr die Verpflichtung, arbeiten zu müssen, aber so ein Leben auf Sparflamme mit ständiger Überprüfung, ob sich eine weitere Ausgabe leisten lässt, ist nun wahrlich keine Vision. Deshalb erinnere ich gerne an die anfangs angeführte Definition, die sogar so weit ging, dass Ihr Einkommen „**jede Anschaffung erlauben** muss“.

Das bedeutet für Sie, dass in diesem letzten Schritt noch sämtliche Ausgaben eingerechnet werden müssen, die das Leben lebenswert machen. Dabei kann es sich um Luxusgüter, Mode, teure Abonnements oder Ihren Lebensstil im Allgemeinen handeln. Sie müssen beachten, dass die regelmäßigen passiven Einnahmen auch die unregelmäßigen Ausgaben decken müssen, denn sonst hat die finanzielle Freiheit weniger mit Freiheit, sondern vielmehr mit einer Zwangsjacke zu tun. Welcher monatliche Betrag ist für Sie notwendig, um *wirklich* finanziell frei zu leben?

DIE VIER SÄULEN FINANZIELLER FREIHEIT

Ein anderer Ansatz, finanzielle Freiheit zu definieren, sind die vier Säulen der finanziellen Freiheit. Sie stellen eine Art Ergänzung zum eben aufgeführten Drei-Schritte-Plan dar, welcher zeitlich gesehen nacheinander abgearbeitet werden kann. Dieses Betrachtungsschema fokussiert sich vor allem auf das Hier und Jetzt und ist deshalb so wichtig, weil es Ihnen eine Idee für ein kluges Mindset gibt.

Finanzielle Intelligenz zeichnet sich demnach nicht nur dadurch aus, renditeträchtige Investments zu tätigen, sondern auch dadurch, seine Finanzen stets im Blick zu behalten und Kontrolle ausüben zu können. Wegen etwaiger Überschneidungen zum eben vorgestellten Ansatz fasse ich mich bei diesem etwas kürzer, was jedoch nicht bedeuten soll, dass er unwichtiger oder in der Praxis weniger relevant ist.

1. Regelmäßiges Einkommen:

Bei der vorherigen zeitlichen Betrachtung bleibt eine Lücke, die ich nun klären möchte. Wie gelangen Sie von der Situation als erwerbstätige Person in die Lage, Ihr Leben plötzlich mithilfe von passivem Einkommen bestreiten zu können? Die Antwort ist: Es gehört ein mehr oder weniger langer Prozess dazu, welcher davon abhängig ist, wie viel Geld zu Beginn zur Verfügung steht und wie viel regelmäßig gespart bzw. investiert werden kann. Demnach ist es unabdingbar, dass ein gesichertes monatliches Einkommen vorliegt, um den Plan der finanziellen Freiheit umsetzen zu können.

Fest steht: Je höher dieses Einkommen ist, umso mehr kann gespart werden und umso eher werfen die Investitionen entsprechende Gewinne ab, die den

Lebensunterhalt finanzieren können. Etwaige Finanzspritzen durch Nebenjobs oder Gehaltsverhandlungen sind also ein probates Mittel, dem persönlichen Traum etwas näherzukommen. Mehr dazu erfahren Sie im Folgekapitel.

2. Sparen, Sparen, Sparen:

Große Investitionen lassen sich nur tätigen, wenn entsprechendes Kapital vorhanden ist. Dieses entsteht, sobald gespart wird, und das umso schneller, je höher die monatliche Sparquote ist. So weit, so gut, doch die Rechnung ist etwas zu einfach gehalten. Ihr persönliches Sparverhalten hängt stark von Ihrer privaten Situation ab. Dazu gehören Familie, fixe Kosten, Kredite und vieles mehr. Eine exakte Prozentzahl, wie viel Sie von Ihrem Einkommen monatlich zurücklegen sollten, kann deshalb nicht pauschal von mir vorgegeben werden. Aus diesem Grund ist eine **präzise Aufschlüsselung der eigenen Kosten** sowie eine Zukunftsvision dringend notwendig.

3. Beim Investment die richtige Wahl treffen:

Welcher Anlagetyp sind Sie? Haben Sie eine Menge Startkapital und dafür vergleichsweise geringe monatliche Einkünfte? Oder andersherum? Vielleicht befinden Sie sich sogar in der erstrebenswerten Situation, dass Sie beides besitzen und mit der Anlage des Geldes überfordert sind. Selbst wenn Sie zum jetzigen Zeitpunkt erst über wenig Einkünfte und Vermögen verfügen, bereite ich Ihnen in diesem Ratgeber auf, welche Investmentmöglichkeiten Sie haben und führe Sie an ein passives Einkommen heran. Ich erkläre Ihnen, worauf Sie achten sollten, um in der Zukunft finanzielle Freiheit genießen zu können.

4. Soziale und finanzielle Absicherung:

Wie Sie sich finanziell absichern, habe ich im vorherigen Abschnitt innerhalb der ersten beiden Schritte erläutert, aber auch die soziale Absicherung findet in der Realität enorme Bedeutung, wird von Finanzexperten jedoch häufig vernachlässigt.

Insbesondere Versicherungen gehören meiner Meinung nach zur Grundausstattung jeder sozialen und finanziellen Absicherung. Überprüfen Sie daher, ob Sie in Bezug auf Krankheiten, Pflege, Rechtsschutz, Unfälle und Haftpflichtfälle gut abgesichert sind. Schließen Sie dahingehend aktuelle Verträge ab und behalten Sie den Überblick, damit Sie auch neben der finanziellen Sicherheit im Alter, an der die finanzielle Freiheit zweifelsohne anknüpft, gut für die Zukunft abgesichert sind.

IHRE VISION: DAS LEBEN IN FINANZIELLER FREIHEIT

Was wäre das Leben ohne Ziele, ohne Visionen? In der Schule wurde mir immer gesagt, ich solle mir hohe Ziele stecken. Denn auch, wenn ich sie nicht erreichen sollte, der Weg dahin würde mich lernen lassen und mich einen Schritt näher an meinen Wunsch heranbringen. Und damit hatten die Erwachsenen ausnahmsweise mal recht, denn andere Weisheiten aus meiner Kindheit kann ich heutzutage kaum noch nachempfinden – ich gebe sie auch nicht an meine Kinder weiter. Doch mich wundert es, dass der Traum von großen Zielen stets nur Kindern gepredigt wird. Es fühlt sich an, als ob Erwachsene, egal, in welchem Alter sie sich befinden, ihr Leben gelebt haben und Ziele nun nicht mehr verwirklichbar sind. Sicherlich - das gebe ich zu - heutzutage gesteckte Ziele greifen nicht so weit in die Zukunft, wie sie es im Kindesalter vielleicht taten. Dennoch sind sie nicht weniger lohnend oder sinnvoll – ganz im Gegenteil. Der Traum der finanziellen Freiheit kann in jedem Alter gelebt werden und niemandem würde ich raten, es lohne sich nicht, diesen zu verfolgen.

Für die in diesem Buch zugrundeliegende Rechnung in Form des Drei-Schritte-Plans in Richtung finanzielle Freiheit ist es zwingend notwendig, eine Vision zu haben, um das Leben in der Zukunft planen zu können. Nur so können auftretende Kosten und das damit verbundene verfügbare Einkommen berechnet werden, welches benötigt wird, um den Lebensstandard zu finanzieren. In diesem Kapitel können Sie träumen und sich überlegen, worauf es für Sie in der Zukunft ankommt. Als kleinen Denkanstoß habe ich hierfür ein Zitat von Aristoteles eingefügt – einem der einflussreichsten griechischen Philosophen und dementsprechend Universalgelehrten - welcher übrigens vor mehr als 2000 Jahren lebte. Er starb 322 vor unserer Zeitrechnung.

„Zuerst wähle eine klare, eine realisierbare Idee – ein Ziel. Als Zweites versehe dich mit den Mitteln, die zur Erreichung dieses Zieles notwendig sind: Wissen, Geld, Rohstoffe und Methoden. Im dritten Schritt setze alle deine Mittel im Hinblick auf das zu erreichende Ziel ein." – Aristoteles

---

Insbesondere fasziniert mich an diesem Zitat die zeitliche Dauer, die es überlebt hat, und dass es dennoch weiterhin aktuell ist. Eindeutig zu erkennen ist der zuvor erläuterte Drei-Schritte-Plan, der hier noch zusätzlich dadurch gekennzeichnet ist, dass die Mittel zur Erreichung des Ziels anzuwenden sind. Meiner Meinung nach gilt dies auch nach dem Erreichen des Ziels, in diesem Fall die finanzielle Freiheit.

Bedenken Sie bei Ihrem Brainstorming deshalb, dass Sie sich vermutlich auch nach der Zielerreichung neue Ziele setzen werden, die das Leben lebenswert machen sollen – nur dass Ihnen dann vermutlich mehr Mittel und Wege zur Verfügung stehen. Außerdem werden diese Ziele höchstwahrscheinlich keinen finanziellen Hintergrund haben, sondern vielmehr soziale Ziele oder persönliche Wege sein, die Sie gehen möchten. Denken Sie deshalb einmal daran, was Sie noch erreichen wollen, wenn Sie finanziell unabhängig sind. Diese Betrachtung kann aus Kostengründen eine besondere Rolle in Ihrem persönlichen Zukunftsszenario einnehmen.

Ihre finanzielle Situation

SO BEKOMMEN SIE IHRE AUSGABEN IN DEN GRIFF

Nachdem nun klar geworden ist, was die Zielstellung finanzieller Intelligenz ist, soll es jetzt darum gehen, *wie* dieses Ziel erreicht werden kann. *Was gehört dazu, das eigene Leben finanziell intelligent zu gestalten?* Eine entscheidende Komponente stellen die regelmäßigen Ausgaben dar, weshalb eine grundlegende Analyse dieser – aufgespalten in Kostengruppen – unumgänglich ist. Wie Ihnen das gelingt und worauf Sie achten müssen, erfahren Sie in diesem Abschnitt.

Je nachdem, in welcher Lebenssituation Sie sich gerade befinden, kennen Sie das Gefühl von gähnender Leere im Portemonnaie sicherlich auch – eventuell von Ihrer Zeit in der Ausbildung oder im Studium, vielleicht befinden Sie sich auch gerade noch in der Phase der Weiterbildung. Das ist in diesem Abschnitt egal, schließlich soll jeder auf seine Kosten kommen, denn nur so kann das Ziel des Buches wirklich verfolgt werden: Finanziell intelligent handeln soll jeder können, um sich damit den Schritt zur finanziellen Freiheit zu erfüllen.

Bringen Sie Klarheit in Ihre Kostenstruktur

Zunächst ist es wichtig, dass Ihnen bewusst wird, wie viel Geld Sie wofür ausgeben. Am einfachsten ist es, sich zur Erfassung der Kosten eine Liste anzufertigen. Mittlerweile existieren dafür auch zahlreiche Apps, die vor allem für eine langfristige Planung ausgelegt sind. Problematisch an diesen Apps ist häufig der fehlende Schutz Ihrer Privatsphäre beziehungsweise notwendigerweise die Weitergabe von sehr sensiblen, persönlichen Daten.

Egal, ob Sie eine App oder Stift und Zettel nutzen, beobachten Sie einen Monat Ihre Ausgaben und halten Sie sie fest. Dabei soll noch keine Einschätzung darüber erfolgen, ob etwas teuer oder günstig ist, wie häufig Sie etwas konsumieren oder ob es wirklich notwendig ist (und somit auch keine Verhaltensänderung). Es geht ausschließlich um eine empirische Erfassung Ihrer Ausgaben – geordnet nach sogenannten Kostenstellen, also danach, wo die Kosten anfallen. Eine sinnvolle Einteilung orientiert sich an variablen und fixen Kosten.

Fixe Kosten sind diejenigen, die anfallen, auch wenn Sie den ganzen Monat über nur dasitzen und nichts tun würden. Demnach beinhalten sie Ausgaben für Versicherungen, Miete, Instandhaltungskosten und Ähnliches. Je nachdem, welchen Gegenstand die Instandhaltungspauschale betrifft, können Sie zum Beispiel bei Ihrem Auto vergangene Reparaturkosten auf ein Jahr herunterrechnen (mit ansteigender Rate aufgrund des steigenden Alters des Fahrzeugs) und somit zukünftige Reparaturkosten prognostizieren.

Beispielsweise bei einem Fahrrad empfiehlt es sich - wenn es zu Ihrem Alltag dazugehört und somit kein Luxusartikel ist - eine regelmäßige Abschreibung durchzuführen. Behalten Sie Ihr Fahrrad im Durchschnitt mehrere Jahre, so ist der Anschaffungspreis pro Jahr um den prozentualen Betrag so zu vermindern, dass das alte Fahrrad bei Neuanschaffung keinen Wert mehr besitzt, sofern Sie es nicht weiterverkaufen.

Zur Veranschaulichung ein Beispiel:

Die Neuanschaffung eines Fahrrads ist in Ihrem Budget nicht eingeplant, weil sie je nach Funktionstüchtigkeit des alten Fahrrads beurteilt wird. Deshalb nehmen Sie den Verkaufspreis des alten Fahrrads und dividieren diesen durch die voraussichtliche Nutzungsdauer, beispielhaft acht Jahre. Betrug der Kaufpreis 900 Euro und Sie nutzen es bereits vier Jahre, wollen sich allerdings in vier weiteren Jahren ein neues Fahrrad kaufen und das alte Fahrrad dann für 100 Euro verkaufen, so ergibt sich folgende Rechnung:

900 Euro **Anschaffungskosten**

\- 100 Euro **Restbuchwert** (für den Verkauf)

/ 8 Jahre **Nutzungsdauer**

= 100 Euro **Abschreibungsrate** pro Jahr.

Der Restbuchwert in diesem Jahr (nach vier Jahren Nutzung) beträgt demnach 500 Euro. Jährlich verliert Ihr Fahrrad so 100 Euro an Wert, wenn Sie es in ähnlicher Intensität nutzen wie zuvor und es nicht länger genutzt werden soll (oder kann).

Auf diese Weise gehen Sie auch mit anderen Gegenständen um, um deren aktuellen Wert zu berechnen. Dazu kommt die jährliche Reparaturpauschale für das Fahrrad und weitere Gegenstände. Das soll fürs Erste genug vom Ausflug in die Welt der Betriebswirtschaftslehre gewesen sein.

Nun wissen Sie, wie Sie zukünftige Aufwendungen, zum Beispiel die Anschaffung eines neuen Fahrrads oder Autos, welches Sie für die Bewältigung Ihres Alltags benötigen und das keinen Luxus darstellt, in die Kostenrechnung einfließen lassen können. Weiterhin zu den fixen Kosten zählen ebenfalls die Kosten für den Energieverbrauch in Ihrer Wohnung oder die Spritkosten Ihres Autos. Zwar sind diese durch Veränderungen in Ihrem Alltag abänderbar, weshalb wir uns diese Einsparung noch genauer anschauen werden, allerdings sind sie zwingend mit der fixen Mobilität des Autos beziehungsweise des Mietens verknüpft, sodass sie als fixe Kosten angesehen werden können. Generell gilt es, fixe Ausgaben möglichst gering zu halten, denn diese sind über den Verlauf des Lebens nur schwer änderbar.

Anders verhält es sich mit den **variablen Aufwendungen**, welche den größten Ansatzpunkt zur Veränderung der eigenen Kostenstruktur geben. **Hierzu zählen alle Ausgaben, die – einfach gesagt – keine fixen Kosten sind.** Damit meine ich insbesondere alle zusätzlichen Ausgaben, die nicht den Lebensunterhalt sichern und theoretisch weggelassen werden können.

In der Praxis ist das nicht so einfach, denn wenn Ihr Hobby zum Beispiel Shopping ist, wäre es nicht sinnvoll, dieses bis auf ein Minimum einzuschränken. Dasselbe gilt für andere Hobbys, die zum Alltag oder zur Lebensfreude dazugehören, wie der Besuch von Kulturveranstaltungen, Partys oder Reisen – Freizeit eben. Beziehen Sie so ausnahmslos jede Ausgabe in die Auflistung mit ein, um am Ende des Monats zu wissen, wo wesentliche Anhaltspunkte zum Geldsparen sind.

In dieser Tabelle können Sie Ihre Ausgaben erfassen:

Fixe Kosten		Variable Kosten	
Bezeichnung	€	Bezeichnung	€

Verzichten Sie weitestgehend auf Bargeld

Wenn möglich, verzichten Sie darauf, Bargeld zu nutzen. Ich bin mir bewusst, dass diese Forderung in Deutschland, das Bargeld-Land Europas, schwer durchzusetzen ist, doch es wird Ihnen helfen. Die Möglichkeiten des Online-Bankings besitzen heutzutage die höchsten Sicherheitsstufen und bieten zugleich eine sehr gute Übersicht über all Ihre Ausgaben. Zwar sind darunter auch Bargeldabhebungen enthalten, nur lässt sich dann möglicherweise nicht zuordnen, wofür das Geld verwendet wurde.

Ebenfalls bares Geld, welches Sie als Leihgabe Ihrer Frau erhalten haben, weil Sie beim Bäcker kein Münzgeld eingesteckt hatten, oder die Finanzspritze Ihrer Oma, wenn Sie sich noch in Ausbildung befinden, sollten Sie auf Ihr Konto einzahlen bzw. die Schulden online an Ihre Frau überweisen, damit Sie stets den Überblick behalten. Als positiver Nebeneffekt entsteht übrigens, dass Sie möglicherweise auf bestimmte Käufe verzichten oder sich nicht die überflüssige Brezel beim Warten auf den Zug kaufen, weil Sie kein Münzgeld eingesteckt haben. So entsteht bereits die erste Form des Sparens in kleinen Schritten.

Setzen Sie sich Budgets

Der wohl wichtigste Teil dieses Abschnittes beschäftigt sich mit der Analyse der dokumentierten Ausgaben. Zunächst ist es wichtig, dass Sie sich die erstellte Liste visualisieren, das funktioniert unter anderem mit Tortendiagrammen, die die Apps automatisch erstellen. Aber auch eine Excel-Liste lässt sich unkompliziert in ein Diagramm überführen, sodass Sie einen besseren Überblick über die Kostenstruktur erhalten.

Leider kann ich Ihnen nicht abschließend sagen, wie viel Prozent der Ausgaben in welche Kategorie gehören sollten und wo dementsprechend noch Spielraum für Veränderungen ist. Dafür ist Ihre persönliche Lebenssituation zu einzigartig, um pauschale Prozentzahlen zu verbreiten – und das würde meinem Anspruch an den Erfolg dieses Buches nicht gerecht werden.

Um Ihnen dennoch eine Idee davon zu geben, wie ein gesundes Ausgabenprofil aussehen könnte, möchte ich Sie in ein Fallbeispiel einführen, welches dieses Buch begleiten wird. Dieses Beispiel ist rein fiktiv und soll neben Hinweisen zu finanzieller Intelligenz nicht lediglich einen Durchschnittsbürger darstellen, sondern ebenfalls Besonderheiten aufweisen, die in speziellen Lebenssituationen entstehen können.

Mark, so lautet der Name der Person des Fallbeispiels, ist männlich, 29 Jahre alt und hegt den Traum der finanziellen Unabhängigkeit. Schon seit einiger Zeit optimiert er deshalb seine regelmäßigen Kosten, sodass von seinen Einnahmen aus dem Berufsleben immer mehr Geld zum Sparen übrig bleibt.

Seine monatlichen Einkünfte aus seinem Hauptberuf betragen 2920 Euro, mit seinem Nebenberuf erwirtschaftet er monatlich einen Gewinn von 300 Euro, der in der Zukunft tendenziell steigt. Über den Nebenberuf erfahren Sie im weiteren Verlauf dieses Buches noch mehr. Die so monatlich zur Verfügung stehenden 3220 Euro fließen bei Mark zum einen in den Zinsaufwand (50 Euro anteilig) sowie in den Tilgungsbetrag (700 Euro) für den Kredit des Einfamilienhauses, in dem er mit seiner jungen Familie lebt. Für Lebensmittel bezahlt Mark 400 Euro anteilig, nachdem er sehr auf seine Ernährung achtet und viel frisch zubereitet, damit er die vielen Restaurantaufenthalte von vor einigen Jahren ausgleichen kann. Für Mobilität (Leasingrate) und neue Kleidung, welche für die Ausübung seines Berufs unerlässlich sind, zahlt er monatlich 600 Euro.

Darin sind ebenfalls bereits Kosten für Benzin, Reparaturen und Neuanschaffungen enthalten. Seine soziale Absicherung in Form von Versicherungen beträgt monatlich 320 Euro. Darin enthalten ist bereits die Versicherung für das Auto sowie eine Arbeitsunfähigkeitsversicherung, die für den risikoscheuen Mark wichtig ist, da in seinem Berufsfeld auch Unfälle geschehen können, die zu einer Arbeitsunfähigkeit führen können. Dies ist eine Besonderheit bei ihm, denn eine Arbeitsunfähigkeitsversicherung stellt eine Versicherung dar, die neben der angestrebten finanziellen Freiheit eine zusätzliche Absicherung ist. Auch deshalb kann ich keine direkte Empfehlung für diese besondere Art der Versicherung abgeben, risikoaverse Personen sollten jedoch über den Abschluss einer Arbeitsunfähigkeitsversicherung nachdenken.

Insbesondere die Kosten für Freizeit und Hobbys hat Mark klein gehalten, weshalb er dafür lediglich 150 Euro im Monat ausgibt. Die bisher genannten Kostenfaktoren summieren sich zu monatlich 2220 Euro. Es verbleiben stolze 1000 Euro, die gespart bzw. investiert werden können.

Wie Mark diese einsetzt und für welche Investitionen er sich trotz seiner risikoscheuen Art entschieden hat, erläutere ich im weiteren Verlauf dieses Buches. Sie bemerken jedoch bereits, dass ein solcher Überschuss nur erzeugt werden kann, wenn zum einen die Ausgaben klein gehalten werden, zum anderen aber auch die Einnahmen entsprechend hoch sind. Außerdem vernachlässigt wurden Ausgaben für besondere Lebenssituationen, wie beispielsweise Kinder oder Kostenfaktoren in der Familie, etwa plötzliche Krankheiten oder notwendige Pflege von Familienangehörigen.

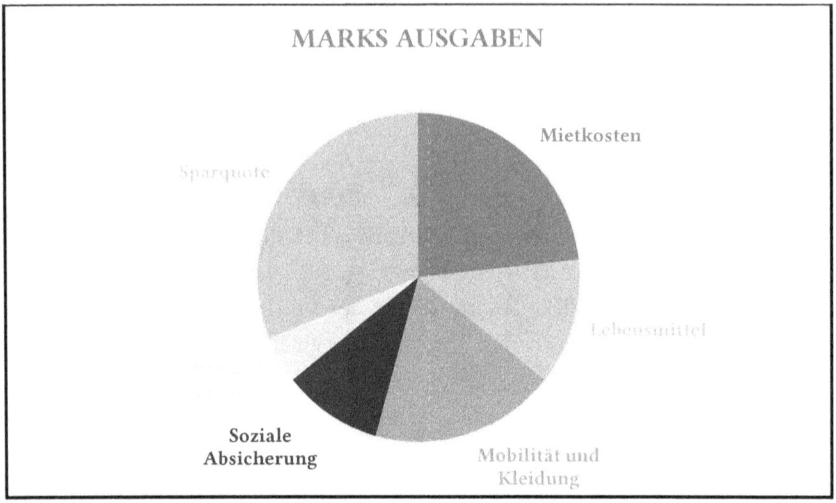

So halten Sie Ihr Budget ein

Nichts ist schwieriger, als gesetzte Ziele einzuhalten und nicht auf halber Strecke abzubrechen, weil sich nicht der gewünschte Erfolg erkennen lässt. Mir ist bewusst, dass dies einer der Hauptgründe ist, warum sich viele von dem Traum der finanziellen Freiheit abwenden. Unumstritten ist eine Menge Disziplin nötig, damit Sie sich diese Vision erfüllen können. Dennoch möchte ich hier auf einfache Tricks aufmerksam machen, die dabei helfen können, das zuvor gesetzte Limit auch wirklich einzuhalten und so eine Sparrate zu generieren, mit der eine Erreichung der finanziellen Freiheit möglich ist. Im Anschluss an diesen Abschnitt widmen wir uns der Einnahmen-Seite, um auf der gegensätzlichen Seite zu einer Erhöhung des Einkommens zu gelangen.

Zunächst kann es helfen, mit kleinen Sparbeträgen anzufangen, um ein Gefühl dafür zu bekommen, wie es sich anfühlt, dass hart verdientes Geld vom Konto verschwindet, aber nicht ausgegeben wurde. Es wurde lediglich zur Seite gelegt und erwirtschaftet nun von ganz allein ein paar erste Gewinne, die ausgezahlt werden könnten. Eventuell lohnt es sich sogar, seine ersten Gewinne auszuzahlen, um einmal so richtig zu bemerken, dass man durch das Beiseitelegen von Kapital echtes Geld erzeugen kann. So lässt sich möglicherweise die Motivation steigern.

Dies ist aber gar nicht der eigentliche Punkt, auf den ich hinauswollte, als ich schrieb, man solle bereits kleine Summen sparen. Insbesondere hilfreich ist dieser kleine Anfang nämlich auch deshalb, weil somit eine Art Druck entsteht, dem nachgekommen werden muss. Legen Sie monatlich beispielsweise 10 % Ihres Einkommens in Renditeobjekte an, so müssen Sie diese in irgendeiner Weise ersetzen, weil das Geld vorher einfach ausgegeben wurde. Das gelingt entweder durch Kostenersparnis oder Einnahmeerweiterung. Dieser latente Druck, der auf keinen Fall zu stark sein sollte, kann Ihnen dabei helfen, die ersten Schritte in Richtung passives Einkommen zu gehen.

Ebenfalls empfiehlt es sich, für bestimmte Ausgaben eigene Konten zu erstellen, um somit auch physisch die Budgetgrenze einhalten zu können bzw. sie vor Augen zu haben. Ein gutes Beispiel dafür sind unter anderem Lebensmittel, denn der Supermarkteinkauf kann schnell dazu neigen, teurer zu werden als geplant. Überweisen Sie deshalb das monatliche (oder wöchentliche) Budget auf das Extrakonto für Lebensmittel und bezahlen Sie diese stets mit diesem Konto.

Das betrifft neben Supermärkten auch den Imbiss um die Ecke oder das Essen in der Betriebskantine. Leben Sie in einer Partnerschaft, so empfiehlt es sich außerdem, dass beide auf dieses Konto einzahlen und somit besser organisiert werden kann. Des Weiteren lässt sich damit sofort überblicken, wer mehr für Lebensmittel ausgibt. Das muss nicht zwingend etwas Schlechtes sein, es hilft aber dabei, das Budget für den Haushalt näher kennenzulernen.

Im Zusammenhang mit dem Lebensmittel-Konto steht das sogenannte **Drei-Konten-Modell**, welches von vielen Experten im Finanzbereich empfohlen wird. Ich finde, es ist vor allem für den Anfang eine einfache und sinnvolle Methode, sich sein Budget so aufzuteilen, dass etwas zum Sparen übrig bleibt. Die Aufteilung der Konten erfolgt nach Basiskonto, Sparkonto und Spaßkonto. Das Basiskonto erhält monatliche Einzahlungen aus sämtlichen Einnahmen des Berufslebens und ist so in der Lage, die monatlich anfallenden Fixkosten sowie die überarbeiteten variablen Kosten zu decken. Auf das Sparkonto wird zu Beginn des Monats der festgelegte Sparbetrag überwiesen (zum Beispiel per Dauerauftrag), damit nicht nur das gespart wird, was vom Basiskonto übrig bleibt, sondern die Ausgaben des Basiskontos so angepasst werden müssen, damit der Sparbetrag umgesetzt werden kann.

Zu guter Letzt erklärt sich das Spaßkonto vermutlich von selbst. Hiermit können alle Freizeitaktivitäten bezahlt werden. Wichtig ist, dass der Sparbetrag für dieses Konto ebenfalls über einen Dauerauftrag vom Basiskonto überwiesen wird, der monatlich zur Verfügung steht, damit die Kosten das verfügbare Budget nicht überschreiten.

Bares Geld sparen: Nutzen Sie diese Tipps, um Ihre Ausgaben sofort zu reduzieren

Endlich sind wir in dem Unterabschnitt angekommen, auf den Sie bereits das gesamte Kapitel warten: *Wie reduziere ich meine Ausgaben nachhaltig?* Genau dieser Frage wollen wir hier gemeinsam auf den Grund gehen und Möglichkeiten finden, wie Sie sofort Geld sparen können, um die Budgetgrenzen erfolgreich einzuhalten.

Mobilität:

Vor allem um das Auto soll es beim Thema Mobilität gehen. Wenn Sie Ihre Ausgaben über einen längeren Zeitraum beobachtet haben, werden Sie unweigerlich festgestellt haben, dass ein Auto ein wahrer Geldfresser ist. Haben Sie keines, spüren Sie das direkt im Geldbeutel – und zwar auf die erfreuliche Art und Weise.

Das meiste Geld verbraucht ein Auto durch Benzin, Versicherung und eventuell durch Finanzierung bzw. Leasingrate. Mit einem Elektroauto kann demnach bereits der erste Faktor stark reduziert werden, dafür sind die Anschaffungskosten aber häufig höher als bei Autos mit Benzin- oder Diesel-Kraftstoff. Eine Finanzierung ist deshalb teuer, weil im Vergleich zur sofortigen Bezahlung des Autos Zinsen anfallen, die zusätzlich zum Kaufpreis gezahlt werden. Diese sind als eine Art Entschädigung dafür anzusehen, dass Sie nicht sofort den vollen Kaufpreis zahlen müssen und so das vorhandene Geld entweder anderweitig investieren können oder erst einmal verdienen müssen.

Überlegen Sie sich, ob eine Finanzierung in Ihrem Fall wirklich notwendig ist. **Wenn Sie auf ein Auto verzichten können, kann ich Ihnen wärmstens ans Herz legen, das einfach einmal auszuprobieren.** Dafür können Sie Ihr Auto einen Monat an einen Freund verleihen (oder stehen lassen) und den Alltag ohne eigenes Auto bewältigen. Für den täglichen Weg zur Arbeit gibt es zumindest in der Stadt einige Alternativen, wie zum Beispiel die Bahn oder das Fahrrad. Im ländlichen Bereich könnten sich Fahrgemeinschaften mit Arbeitskollegen lohnen. Für den Wocheneinkauf empfiehlt sich ein Leihauto, denn diese werden mittlerweile in so gut wie jeder Stadt für günstige Preise angeboten. Eine Tankkarte ist für die gefahrenen Kilometer häufig im Preis enthalten und verursacht so keine Extrakosten.

Ebenso sollte Ihnen bereits bekannt sein, dass, wenn Sie nicht auf das eigene Auto verzichten können, Gebrauchtwagen deutlich günstiger sind als Neuwagen.

Das liegt vor allem daran, dass Neuwagen für viele ein Luxusgut darstellen und so nach der ersten Zündung bereits einen hohen Wertanteil verlieren.

Erinnern Sie sich an die Abschreibungsrechnung mit dem Fahrrad-Beispiel? Ein Neuwagen, der über acht Jahre genutzt wird und wegen eines hohen Anschaffungspreises jährlich hohen Abschreibungsraten unterliegt, lässt sich nicht mit einem Gebrauchtwagen vergleichen. Dieser erleidet zwar ebenfalls Wertverlust, lässt sich jedoch nach Gebrauch weiterhin verkaufen oder war in der Anschaffung sehr günstig.

Bei Autos wird deshalb häufig die degressive Abschreibungsmethode genutzt, welche einen höheren Wertverlust in den ersten Nutzungsjahren einberechnet. Firmen schreiben Neuwagen daher innerhalb der ersten Jahre nicht selten bereits bis zu 50 bis 70 % ab, um danach in eine langwierige lineare Abschreibung überzugehen. Überlegen Sie sich: *Kommt der Verzicht auf ein Auto oder stattdessen vielleicht ein Gebrauchtwagen für Sie infrage?*

Wohnung und Haushalt:

Wenig überraschend stellt die Miete für eine Wohnung häufig den größten Kostenfaktor dar. Das liegt daran, dass Mieten, insbesondere in Städten und beliebten Gegenden, sehr teuer sind – Tendenz steigend. Natürlich findet sich der Grund dafür auch darin, dass immer mehr Menschen in der Stadt und vor allem allein wohnen wollen, was die Nachfrage zusätzlich erhöht. Deshalb lohnt es sich für Sie, sich einmal die Mietpreise in der Umgebung anzuschauen und zu vergleichen, ob die Kosten für die Kaltmiete der eigenen Wohnung dem Durchschnitt entsprechen.

Wer dauerhaft Kosten sparen möchte, sollte stattdessen in günstigere Gegenden ziehen, die teilweise deutlich entspanntere Mieten zur Verfügung stellen, weil die Nachfrage geringer ist. Des Weiteren besteht auch die Möglichkeit, in einer Eigentumswohnung oder einem eigenen Haus zu wohnen. Den großen Immobilien-Check erhalten Sie im weiteren Verlauf dieses Buches, wo die Frage geklärt wird, ob sich Eigentum überhaupt noch lohnt.

Unabhängig von der Kaltmiete sind aber ebenfalls die Betriebskosten ein großer Kostenfaktor. Diese beinhalten Warmwasser, Strom und Gas, also vor allem Kosten, die für Wärme anfallen. Steigende Strom- und Gaspreise werden im Zuge des Klimawandels in Zukunft eine immer größere Rolle spielen, weshalb es sich lohnt, darauf ein Auge zu werfen. Allein kürzeres Duschen oder das Ausschalten der Fußbodenheizung im Bad kann dafür sorgen, dass jährlich mehrere Hundert Euro gespart werden. Auch die Heizung im Wohnzimmer, welche meist den größten Raum der Wohnung beheizt, ist ein echter Kostenfresser. Wer es gern etwas kuscheliger hat, kann auch auf einen Pullover umsteigen, anstatt den Raum auf hohe Temperaturen zu erhitzen. Wer die Heizung dennoch oft benutzt, sollte darauf achten, diese regelmäßig zu lüften und von einem Fachmann überprüfen zu lassen, damit höchstmögliche Effizienz gewährleistet werden kann.

Das gilt auch für andere Geräte im Haushalt: Effizienz ist der Schlüssel zum Erfolg. Achten Sie bei der Anschaffung eines neuen Fernsehers, Druckers, Kühlschranks oder anderer Haushaltsgeräte darauf, dass diese eine zufriedenstellende Energieeffizienzklasse vorweisen. Beschildert ist diese meist durch grüne bis rote Buchstaben auf den Ausstellungsprodukten. Innerhalb der Information über die Effizienz des Gerätes ist auch meist enthalten, wie viel Strom das Gerät im Stand-by-Modus verbraucht. Auch dieser Stromverbrauch kann sich summieren, weshalb es vor allem bei älteren Geräten stark zu empfehlen ist, sie nicht in dauerhafter Abrufbereitschaft zu lassen, sondern vollständig abzuschalten, wenn sie nicht benötigt werden. Hilfreich sind dafür Steckdosenleisten mit Ein- und Ausschaltknopf, damit nicht immer der Stecker aus der Steckdose gezogen werden muss. **Ein letzter Tipp für Haushaltsgeräte: Verkaufen Sie, was Sie nicht mehr benötigen.**

Aus eigener Erfahrung kann ich sagen, dass sich somit nicht nur etwas Geld verdienen lässt und anderen eine Freude bereitet werden kann, sondern Sie lernen nebenbei auch, loszulassen und sich von Dingen zu trennen, die Sie schon lange nicht mehr benutzt haben. Häufig finden sich solche Geräte im Keller, im Arbeitszimmer oder in der Abstellkammer. Befreien Sie sich davon und schaffen Sie auch in Ihrem Geiste Platz für neue Ideen, denn alte Gerätschaften belasten Sie nur, als dass sie noch etwas nützen. Selbes gilt ebenfalls für Kleidung oder auch alte Möbel.

Konsum:

Das Wichtigste zuerst: Kaufen Sie nur das, was Sie sich auch wirklich leisten können. Das Stichwort Konsumschulden wird in diesem Zusammenhang oft als Synonym dafür verwendet, etwas auf Kredit zu kaufen, was man sich erst in der Zukunft durch die kommenden Einnahmen leisten könnte. Statt eines Kredites werden auch häufig Finanzierungsverträge abgeschlossen. Dieses Vorgehen sollte bei Konsumgegenständen, also bei allem, was Ihre Hobbys betrifft, stets vermieden werden.

Hilfreich ist dafür unter anderem die Einteilung des Budgets in das im vorherigen Abschnitt vorgestellte Drei-Konten-Modell. Ein weiterer Punkt konzentriert sich auf teure Gewohnheiten, die Sie auf dem Weg zur finanziellen Freiheit bestmöglich abstellen sollten. Insbesondere teuer sind dabei Rauchen und das Beziehen von Lebensmitteln unterwegs. Wie teuer Zigaretten wirklich sind, werden Sie vermutlich bemerkt haben, wenn Sie Raucher sind und diese Ausgabe in Ihrer persönlichen Analyse vermerkt haben. Aber auch der beliebte „Coffee to go“ oder das belegte Brötchen beim Bäcker, weil man früh keine Zeit für das Frühstück hatte, leeren den eigenen Geldbeutel nach und nach.

Vergleicht man diese Ausgaben mit der einfachen Alternative, das Brötchen am Abend vorher selbst zu belegen und am nächsten Tag mit zur Arbeit zu nehmen oder den Kaffee früh anzusetzen, während man duscht und sich fit für den Tag macht, merkt man schnell, dass hier jede Menge Geld gespart werden kann. Wie viel Geld allein durch den Verzicht auf einen „Coffee to go“ gespart werden kann, möchte ich in einer kurzen Rechnung festhalten.

Angenommen, Mark aus dem Fallbeispiel kauft sich an jedem Arbeitstag morgens einen Kaffee, bevor er in den Zug auf dem Weg zur Arbeit steigt. Der „Coffee to go“ kostet ihn täglich drei Euro. Im betrachteten Jahr ist er an 210 Tagen zur Arbeit gefahren, weil er 30 Tage Urlaub hatte und zehn Tage aufgrund von Krankheit gefehlt hat. Der „Coffee to go“ hat ihn demnach 630 Euro jährlich gekostet, was eine beachtliche Summe ist. Sie können sich sicher vorstellen, dass sich diese Summe auf mehr als 6.000 Euro summiert, würde sich Mark zehn Jahre lang einen „Coffee to go“ kaufen – unbeachtet etwaiger Preissteigerungen. Zu dieser Ausgabe kommt allerdings noch hinzu, dass das für den Kaffee ausgegebene Geld ebenfalls hätte investiert werden können, um dem Traum vom passiven Einkommen einen Schritt näherzukommen. Angenommen der Tatsache, dass ein selbst zubereiteter Kaffee inklusive Stromkosten in etwa die Hälfte kostet, könnten so jährlich 315 Euro zusätzlich gespart werden, nur weil das Verhalten bezüglich einer einzigen Konsumausgabe geändert wurde.

Zum Abschluss des Themas Konsum möchte ich noch auf das Einkaufsverhalten eingehen. Besonders schädlich für den eigenen Geldbeutel sind sogenannte Impulskäufe, die aus einer Laune heraus geschehen. Ich selbst kann den Reiz dieser Käufe verstehen, weil sie ein gewisses Glücksgefühl mit sich bringen, was eine über Wochen geplante Anschaffung inklusive Preisvergleiche nicht bieten kann.

Dennoch ist es aus finanzieller Sicht höchst sinnvoll, diese Käufe zu vermindern oder gänzlich zu vermeiden. So besteht auch die Chance, vor allem Kleidung antizyklisch zu kaufen, sodass im Sommer-Schluss-Verkauf zugeschlagen wird anstatt dann, wenn die neue Kollektion gerade erschienen ist. Selbes gilt nicht nur für Kleidung, sondern auch für Technik und Ähnliches. Das neue Smartphone ist in zwei Jahren nicht schlechter geworden, es ist nur im Vergleich nicht mehr so aktuell wie die neuesten Modelle. Wichtig ist insbesondere bei der Nutzung von älteren Smartphones, dass Sie darauf achten, nicht sofort die neueste Betriebssoftware zu downloaden. Zum einen sollten Sie Erfahrungsberichte von Nutzern Ihrer Smartphone-Generation abwarten und zum anderen werden die Handys durch diese Updates häufig gezielt verlangsamt, um zu neuen Käufen anzuregen.

Abonnements und Verträge:

Der letzte Punkt in diesem Abschnitt widmet sich langfristigen Geldfressern, die möglicherweise bereits vor einiger Zeit abgeschlossen wurden. **Tatsächlich ist fehlende Aktualität bei vielen Abonnements der Grund, weshalb Firmen der Versicherungs- oder Mobilfunkbranche eine Menge Geld verdienen.** Vermutlich kennen auch Sie das Gefühl, einen guten Vertrag abgeschlossen zu haben, der monatlich günstig ist, dafür aber eine lange Laufzeit aufweist.

Am Anfang sind Sie noch euphorisiert, zum Beispiel regelmäßig ins Fitnessstudio zu gehen oder das TV-Abonnement am Wochenende zu nutzen. Doch die Realität sieht meist anders aus, denn Fitnessstudios sind häufig leer und auch Pay-TV-Sender verzeichnen nicht die Einschaltquoten, die man nach der Anzahl der Kunden erwartet. Seien Sie sich daher bewusst, dass ein Vertragsabschluss zwar eine monatliche Ausgabe ist und deshalb gering erscheint, in Wahrheit aber ein Erwerb, der auf die Laufzeit gerechnet eine fixe Summe kostet. Betrachten Sie Verträge, unter anderem auch für Versicherungen, daher so, als ob Sie einen hohen Festpreis zahlen, der innerhalb der Laufzeit Zugang zum Abonnement gewährt. Dieser Festpreis klingt dann meist weniger harmlos als die monatliche Summe, die dafür von Ihrem Konto abgebucht wird.

Der zweite Anhaltspunkt beim Thema Verträge bezieht sich auf schlichtweg veraltete Preismodelle oder nicht mehr zeitgemäße Konditionen. Insbesondere betrifft das Versicherungen und Mobilfunktarife. Vor mehreren Jahren war mobiles Internet für das Handy beispielsweise weniger wichtig als eine Flatrate für SMS, welche heutzutage kaum noch jemand nutzt. Dementsprechend gestaltet sich die

Kostenstruktur des veralteten Vertrags, sodass der gezahlte Preis für die heutigen Ansprüche nicht selten stark überzogen ist.

Bei Versicherungen handelt es sich bei den Problemen häufig um unangemessene Versicherungssummen für Ihren aktuellen Bedarf. Prüfen Sie deshalb, ob sich neue Angebote lohnen könnten und wie sich die Preisstruktur im jeweiligen Segment entwickelt hat. Häufig existieren mittlerweile alternative Angebote für die meisten Abonnements, ein Beispiel hierfür ist die kostenlose App zur vergleichsweisen teuren Fernsehzeitschrift oder das Pay-TV-Abonnement, um Live-Fußball zu schauen.

Dieser Markt hat sich längst ausgeweitet und es herrscht ein zäher Kampf um die Übertragungsrechte von Sportveranstaltungen. Überprüfen Sie alte Verträge und trennen Sie sich von überhöhten Kosten, die still und heimlich monatlich von Ihrem Konto abgebucht werden. Letzter Tipp: Wenn Sie mit Ihrem Partner zusammenziehen, überprüfen Sie ebenfalls, ob Sie doppelte Versicherungen nun auflösen können und sparen Sie dadurch eine Menge Geld.

Alter Ballast: Wie Sie mit Schulden und Krediten umgehen sollten

Wer einen laufenden Kredit hat und für diesen regelmäßig Zinsen zahlt, sollte ihn so schnell wie möglich abbezahlen, damit die Zinsen nicht überhandnehmen. Deshalb existieren exakte Tilgungspläne, die Ihnen vom Kreditgeber an die Hand gegeben werden, sodass das Tilgungsziel rechtzeitig erreicht wird. *Wie verhalten Sie sich aber, wenn plötzlich noch Geld übrig ist, welches Sie entweder zur Tilgung der Schulden oder zum Investieren in Geldanlagen nutzen können? Was lohnt sich mehr? Worauf müssen Sie achten?*

Das Szenario sieht folgendermaßen aus: Sie sind bezüglich Ihres Geldmanagements auf einem guten Weg und hatten bisher meist das Problem, das verfügbare Geld so aufzuteilen, dass es gerade für alle Ausgaben reicht. Nun steht ein besonderer Anlass vor der Tür und von dem einen auf den anderen Tag sind Sie wieder flüssig. *Doch, wohin mit dem Geld?* Logisch, einen Teil geben Sie für Konsum aus, denn das haben Sie sich verdient. Doch wenn etwas übrig bleibt, stehen Sie womöglich vor der Frage: *Kredit tilgen oder investieren?*

Mithilfe einer sogenannten Sondertilgung ist es möglich, außerhalb des Tilgungsplans den Kredit zu bestimmten Teilen abzubezahlen, um die Schulden eher loszuwerden. Das lohnt sich, weil Sie zum einen schneller schuldenfrei sind und somit neue Investitionsprojekte in Angriff nehmen können, zum anderen aber sinken dadurch auch die zu zahlenden Zinsen, welche echte Kosten darstellen. Zinsen beziehen sich nämlich immer auf die verbleibende Restschuld, sodass eine Verringerung dieser Summe die Zinsen in prozentual gleicher Weise kürzt.

Allerdings sollten Sie bei der Möglichkeit der Sondertilgung darauf achten, dass sie nicht mit zusätzlichen Kosten verbunden ist. Werden teils hohe Gebühren dafür veranschlagt, lassen sich diese direkt von den durch die Sondertilgung gesparten Zinsen abziehen, sodass der Erfolg vermindert wird. Bei voraussichtlich dauerhafter Einkommenserhöhung besteht zusätzlich die Möglichkeit, den Tilgungsplan so zu verändern, dass Sie monatlich höhere Summen abbezahlen. Auch auf diesem Weg kommen Sie dem Ziel der Schuldenfreiheit einen Schritt näher. Gehören Sie zu den risikobereiteren Personen, kommt für Sie eine Sondertilgung eher nicht infrage, denn Sie wollen Ihr Geld lieber vermehren. Statt das verfügbare Kapital für die Abbezahlung des Kredites zu nutzen, können stattdessen weitere Investitionen getätigt werden. Dann bleibt der Tilgungsplan wie er ist – der Kredit ist zum errechneten Zeitpunkt abbezahlt – und Sie haben in der Zwischenzeit zusätzliches Geld durch Investitionen gespart, kommen dem Traum der finanziellen Freiheit demnach ein Stück näher.

Welche nun die bessere Alternative ist, lässt sich pauschal nicht sagen. Fest steht jedoch, dass ein Renditevergleich erfolgen sollte. Besprechen Sie eine mögliche Sondertilgung mit Ihrem Kreditgeber und berechnen Sie dabei die dadurch gesparten Zinsen. **Vergessen Sie jedoch nicht, auch etwaige Kosten der Sondertilgung einzubeziehen.** Diesen Wert vergleichen Sie mit Investitionsalternativen am Kapitalmarkt, in Immobilien oder mit weiteren Anlagemöglichkeiten. Welche es dafür gibt, erfahren Sie im weiteren Verlauf dieses Buches. Der Grund, weshalb ich den Abschnitt bereits in diesem Kapitel erläutere, findet sich im Fazit. Schlussendlich ist es nämlich nicht entscheidend, ob Sie das nun verfügbare Kapital zur Tilgung Ihres Kredits oder für eine Finanzanlage verwenden, die Renditen unterscheiden sich je nach Risikoprofil. Wichtig ist allerdings, dass Sie zusätzliches Kapital nicht ausschließlich für den Konsum nutzen. Nur weil das Geld nicht im Sparplan oder in der Analyse auftaucht, ist es dennoch vorhanden und somit ist der Umgang mit diesem Geld ein Teil finanzieller Intelligenz.

Bewusst habe ich den Fokus auf das Abbezahlen von Schulden oder das Investieren gelenkt, damit Sie lernen, dass es für den Traum der finanziellen Freiheit unabdingbar ist, ehrlich zu sich selbst und den eigenen Einnahmen zu sein. Jedes verfügbare Kapital muss Sie einen Schritt näher an die Verwirklichung Ihrer Träume bringen, also investiert werden.

SO ERHÖHEN SIE IHRE EINNAHMEN SCHRITTWEISE

Finanzielle Intelligenz besteht nicht abschließend daraus, weniger Ausgaben zu generieren und somit Geld zu sparen. Bei wem nämlich mehr Geld in die Kasse fließt, der kann auch mehr ausgeben und dennoch hohe Sparquoten aufweisen. In diesem Abschnitt betrachten wir die andere Seite Ihrer Finanzen, die Einkommensseite. Dazu gebe ich Ihnen hilfreiche Tipps und Tricks, wie Sie über Ihr Leben verteilt mehr Geld generieren können und sich somit Schritt für Schritt ein privates Vermögen aufbauen. Im Anschluss folgt ein entscheidender Aspekt im Detail: Gehaltsverhandlungen. Das Gehalt aus Ihrem Hauptberuf macht zu weiten Teilen Ihres Lebens einen Großteil des Einkommens aus, weshalb es sich umso mehr lohnt, dieses auszureizen. Nutzen Sie diese Tabelle, um Ihr monatliches Einkommen mit Ihren monatlichen Ausgaben zu vergleichen:

Einkommen		**Ausgaben**	
Einkommensart	+ €		- €
Haupteinkunftsquelle			
Nebenjob			
Steuerliche Transfers (z. B. Kindergeld)			
Sonstiges Einkommen			
Einkommen gesamt		Ausgaben gesamt	

Saldo als monatliche Sparrate:

Mit diesen Tipps verdienen Sie mehr Geld im Alltag

1. Sorgen Sie für ein möglichst hohes Einstiegsgehalt

Möglicherweise stehen Sie noch davor, Ihren ersten Job nach der Schule, der Ausbildung oder dem Studium anzunehmen. Je nach Ihren Qualifikationen und der Berufseinstufung fällt Ihr Gehalt höher oder geringer aus. Zu dieser Einstufung gehören neben Wissen, Verantwortung oder Führungskompetenz auch Risiko bzw. Gefährlichkeit des Berufs. Der Markt spielt dabei eine entscheidende Rolle. Berufe, die kaum jemand ausführen möchte, werden auf dem Arbeitsmarkt häufiger von den Arbeitgebern nachgefragt. Im Gegenzug gibt es aber wenige Anbieter, die bereit sind, diesen Beruf auszuüben. Dementsprechend entsteht ein Wettbewerb um die verfügbaren Arbeitnehmer und das Gehalt passt sich entsprechend nach oben an.

Übrigens: Einer häufigen Fehleinschätzung unterliegt das Verständnis von Anbieter und Nachfrager am Arbeitsmarkt. Anders, als viele denken, ist der Arbeitsmarkt in der Volkswirtschaftslehre so festgelegt, dass Arbeitnehmer Arbeit anbieten und Arbeitgeber Arbeit nachfragen. Stolpern Sie nicht über diese Ausdrucksweise, wenn Sie sich im Bereich des Arbeitsmarktes weiterbilden.

Der Grund für das möglichst hohe Einstiegsgehalt ist jedoch nicht die individuelle Zusammensetzung von Gehältern verschiedener Berufsgruppen, sondern ein persönlicher: Neue Arbeitgeber orientieren sich bei einem Jobwechsel häufig an Ihrem Gehalt aus dem vergangenen Job. Schließlich soll ein Jobwechsel auch für Sie einen finanziellen Vorteil bringen, wenn Sie zum Beispiel von einer Firma abgeworben werden.

Ihr berufliches Einkommen basiert demnach häufig auf Ihrem ersten Einkommen, sodass dieses möglichst hoch sein sollte. Logischerweise sind auch weite Einkommenssprünge möglich, allerdings unwahrscheinlich. Behalten Sie dies im Hinterkopf, wenn Sie Ihr erstes Gehalt verhandeln.

2. Bilden Sie sich stets weiter

In diesem Praxistipp dreht sich alles um das sogenannte Humankapital. Humankapital wird in der Betriebswirtschaft als das Kapital bezeichnet, welches in Form von Mitarbeitern und deren Kompetenzen zur Verfügung steht. Empirisch werden Arbeitnehmer mit einem hohen Humankapital, also einer guten Ausbildung oder einem Studium, besser bezahlt als jene mit geringerer Bildung. Dabei gilt es, zu beachten, dass sich das Humankapital auf die Anforderungen im betreffenden Job beziehen sollte, damit es bei der Höhe des Gehalts oder der Chance auf eine Einstellung weiterhilft.

Für Sie ist es daher wichtig, dass Sie sich – unabhängig davon, ob Sie sich momentan in der Ausbildung, im Studium oder im Berufsleben befinden – in besonderem Maße weiterbilden. Damit meine ich, dass Sie mehr für die Erweiterung Ihres Humankapitals tun als andere. In Ausbildung und Studium bedeutet das, mehr zu lernen als die anderen (in Form von besseren Noten) oder zusätzliche Fächer zu belegen. Diese zusätzlichen Fächer lassen sich auf die Situation im

Berufsleben übertragen, denn allein *mehr arbeiten* beschert Ihnen noch keine hinreichende Weiterbildung. Deshalb zielen diese Weiterbildungen vor allem auf zusätzliche Kenntnisse ab, die in Ihrer Branche von Vorteil sind.

Als Beispiel können das im Berufsfeld rund um die Betriebswirtschaft erweiterte Kenntnisse in anderen betriebswirtschaftlichen Bereichen, wie zum Beispiel dem Marketing oder der Logistik, sein, allerdings hilft auch eine sprachliche Ausbildung enorm, um die eigenen Fähigkeiten zu erweitern. Neben Englisch interessieren sich Firmen dementsprechend vor allem für sprachliche Kenntnisse der Regionen, mit denen sie hauptsächlich zusammenarbeiten.

Hintergrund dieser Rechnung mit Humankapital ist es, den eigenen Wert von sich selbst für das Unternehmen zu erhöhen. So beugen Sie einer Kündigung vor oder können von anderen Unternehmen abgeworben werden, was in zweierlei Hinsicht von Vorteil ist: Nehmen Sie den neuen Job an, winkt ein aufbauendes Gehalt auf Basis des alten Gehalts. Bleiben Sie jedoch in der Firma, haben Sie bei einer Vertragsverhandlung eine relevante Grundlage, um eine Gehaltserhöhung im Umfang des angebotenen Vertrages der anderen Firma zu fordern.

3. Behalten Sie die Karriereleiter im Blick

Sich neue Ziele im Berufsleben zu setzen, gelingt nur in dem Maße, in dem es die Branche bzw. die eigenen Qualifikationen zulassen. Wichtig ist deshalb, stets im Blick zu behalten, wie hoch die Karriereleiter führen kann und welche Gehälter dort warten. *Ist ein Aufstieg in die obersten Stufen des Unternehmens realistisch? Wie viele Stufen gilt es zu überwinden, bis das Traumgehalt erreicht ist?*

Wenn Sie noch vor der Entscheidung stehen, in welches Berufsfeld Sie einsteigen, machen Sie sich bewusst, was Sie erreichen wollen und wo die natürlichen Grenzen liegen. Befinden Sie sich bereits im Berufsleben, lohnt es sich, zu überprüfen, ob der aktuelle Job das hergeben kann, was gewünscht wird. Eventuell kann dann sogar ein Branchenwechsel von Vorteil sein. Wünschenswert ist jedoch, dass das bereits erworbene Humankapital nicht vollständig verloren geht, sondern ein Teil davon auch in der neuen Branche Einsatz findet.

4. Scheuen Sie einen Jobwechsel nicht

Dieser Tipp fasst die Kernaussagen der beiden vorherigen Tipps zusammen. Wie bereits erwähnt, können bereits Jobangebote dafür sorgen, dass Sie Gehaltserhöhungen im aktuellen Unternehmen fordern können. Andererseits verspricht der

Jobwechsel das neue Gehalt samt Einstiegsbonus. Des Weiteren wird bei einem neuen Gehalt der Vertrag völlig neu ausgehandelt, sodass Sie möglicherweise auch abseits der finanziellen Forderungen Ansprüche bezüglich von Arbeitszeitmodellen oder Home-Office stellen können, was Ihnen ebenfalls Vorteile verspricht (wenn Sie Home-Office mögen).

Der Arbeitsmarkt wird durch einen Jobwechsel auf Sie aufmerksam, insbesondere wenn Sie in einer Branche arbeiten, in der die Arbeitsnachfrage seitens der Firmen das Arbeitsangebot der Arbeitnehmer übersteigt. Das ist heutzutage in nahezu allen Berufsbereichen Deutschlands der Fall, wenn Sie für die Ausübung des Berufs ein hohes Niveau an Humankapital benötigen.

5. Blicken Sie über den Tellerrand von Deutschland hinaus

Deutschland ist eine erfolgreiche Industrienation, befindet sich im Herzen Europas und ist nebenbei das einwohnerreichste Land der Europäischen Union. Dennoch sind die Arbeitsmärkte anderer Länder ebenfalls interessant, vor allem, wenn es dort an gut ausgebildeten Arbeitnehmern in den Bereichen fehlt, in denen Sie sich auskennen. Eventuell haben Sie während Ihrer Erweiterung des Humankapitals eine Sprache neben Deutsch und Englisch gelernt, sodass eine Einschränkung auf die Länder, in denen die weitere Sprache gesprochen wird, sinnvoll scheint.

Einige Arbeitnehmer wandern auch für begrenzte Zeit ins Ausland ab, um dort für höheres Gehalt zu arbeiten. Paradebeispiel ist dafür in Europa vor allem die Schweiz, welche seit Jahren mit hohen Löhnen (aber auch hohen Lebenshaltungskosten) glänzt. Des Weiteren haben Sie sicher schon einmal vom Land der unbegrenzten Möglichkeiten gehört, wobei sich dieses Sprichwort zweifelsohne auf den Arbeitsmarkt und die Chancen als selbstständiger Unternehmer bezieht.

Die Vereinigten Staaten von Amerika bilden – gemessen am Bruttoinlandsprodukt – die größte Volkswirtschaft der Welt und sind auch deshalb für Arbeitnehmer attraktiv, weil der Staat als regulierendes Element im Gegensatz zu Deutschland kaum in die Wirtschaft eingreift. Informieren Sie sich über aktuelle Gehälter Ihrer Branche oder bewerben Sie sich ganz einfach, wenn Ihnen der Sinn nach Veränderung steht – vorhandene Angebote ablehnen können Sie später immer noch.

6. Generieren Sie Kapital durch einen Nebenjob

Um einen Nebenjob aktiv betreiben zu können, muss entsprechende Zeit vorhanden sein, die in bestimmten Lebenssituationen nicht zur Verfügung steht. Insbesondere wenn Sie „mitten im Leben“ stehen und neben Ihrem Vollzeitjob Zeit für die Familie haben möchten, ist das vollkommen verständlich. Deshalb richtet sich dieser Tipp vor allem an junge Leser, die sich in Weiterbildung befinden.

Zwar ist die Schule, Ausbildung oder das Studium eine Vollzeitaufgabe, dennoch ergeben sich erfahrungsgemäß immer wieder Lücken, in denen Geld verdient werden kann oder muss, um die monatlichen Ausgaben stemmen zu können. Ein Nebenjob ist bei vielen deshalb bereits Realität. Bis zu 450 Euro kann jede in Deutschland lebende Person monatlich steuerfrei verdienen, sodass vom aktuell gültigen Mindestlohn bzw. vom Lohn, den Sie laut Vertrag von Ihrem Arbeitgeber für eine Arbeitsstunde erhalten, nichts steuerlich abgezogen wird, solange Sie die Mindestlohngrenze nicht überschreiten. Sogenannte Midijobs bilden die Verbindung zwischen Mini- und Vollzeitjob. Bei diesem Arbeitsverhältnis müssen nur wenige Steuern abgeführt werden, dafür kann insgesamt deutlich mehr verdient werden als beim Minijob.

Welche Kriterien sollten für einen lukrativen Nebenjob gelten? Zunächst ist wichtig, dass die neue Einnahmequelle Sie nicht in Ihrer Weiterbildung oder Ihrem Hauptberuf beeinträchtigt. Die (zukünftige) Haupteinnahmequelle sollte nicht gefährdet werden und die Leistung muss zufriedenstellend sein, bevor zusätzliche Einkünfte generiert werden. Hintergrund dieser Rechnung ist der Vergleich zwischen guten Noten und dem zusätzlichen Kapital, welches jetzt zur Verfügung stehen würde. Es ist kein Geheimnis, dass gute Noten insbesondere an der Universität oder Hochschule deutlich schwerer wiegen und dementsprechend den Vorrang vor ein paar Hundert Euro mehr im Monat haben. Unabhängig davon sollte der Nebenjob dennoch einen gewissen Platz für Ihr privates Leben lassen, sodass flexible Arbeitszeiten meiner Meinung nach einem wichtigen Aspekt darstellen.

Außerdem sollte in Ihre Bewertung einfließen, ob Sie während der Prüfungsperioden Urlaub nehmen können bzw. – wenn Sie darauf verzichten wollen – insgesamt einmal Urlaub nehmen können, was Auszubildenden und Studierenden oft nicht möglich ist. Zu guter Letzt muss allerdings das Gehalt stimmen, sodass Ihnen die Zeit, die Sie in den Beruf investieren, den Lohn wert ist. Häufig existieren dabei Zuschläge für Wochenend- oder Nachtarbeit, was Ihnen entgegenkommen sollte.

Übrigens: Nebenjobs mit Trinkgeld sind häufig deshalb beliebt, weil Trinkgelder generell nicht versteuert werden müssen und Sie es bar in die Hand erhalten. Seien Sie aber nicht zu euphorisch, wenn der Job hohes Trinkgeld verspricht: Oft ist dieser zusätzliche Lohn in den Stundensatz eingespeist und Sie kommen nur selten über den gesetzlichen Mindestlohn (ohne Trinkgeld) hinaus.

7. Nutzen Sie Ihr Humankapital freiberuflich

Ähnliches wie beim vorherigen Tipp gilt auch hier, nur dass sich der Lohn erheblich unterscheiden kann. Angesprochen sollen sich vor allem gut ausgebildete Personen fühlen, die über ein hohes Maß an Humankapital verfügen, das Sie eventuell auch außerhalb der Firma einsetzen können. Typische freiberufliche Tätigkeiten sind zum Beispiel Schriftsteller, die wie ich ihr Wissen nutzen, um es anderen zu vermitteln und so neben dem Hauptberuf Einkommen generieren.

Außerdem sind zum Beispiel Augenärzte oft in der vorteilhaften Position, im Rahmen der eigenen Praxis ebenfalls Kontaktlinsen oder Brillen zu verkaufen, die den eigenen Verdienst aufwerten. Typische Beispiele sind außerdem Programmierer, Webdesigner oder handwerkliche Tätigkeiten, die am Wochenende für teils hohe Stundenlöhne ausgeführt werden können. Wie immer gilt: Die Haupteinnahmequelle sollte stets im Vordergrund stehen – der Nebenerwerb darf diese nicht gefährden.

8. Generieren Sie Einkünfte durch passives Einkommen

Zu guter Letzt fehlt noch eine entscheidende Variante, mit der sich neben dem Hauptverdienst das eigene Einkommen erweitern lässt: passive Einnahmen. Anders als die soeben vorgestellten Methoden beansprucht passives Einkommen weder die eigene Zeit, noch muss dafür Aufwand in ähnlicher Weise stattfinden. Vielmehr handelt es sich um eine Methode, mithilfe des Zinseszinseffekts durch Aktien, Aktienfonds, Immobilien oder andere Investitionen jährliche Renditen zu erzielen, die es einem erlauben, die Haupteinkunftsquelle zu vermindern oder später vollständig aufzugeben.

Dieser Zustand wird im Allgemeinen als finanzielle Freiheit aufgefasst, welche ich zu Beginn dieses Buches ausführlich beschrieben habe. Generell lässt sich sagen, dass dieser Zustand wohl das höchste Gut für Investoren ist und auch als Zielstellung der finanziellen Intelligenz definiert werden kann. Welche Möglichkeiten Sie dafür genau haben, ob sich Immobilien noch lohnen und wie viel Zeit Sie in etwa benötigen, bis der Traum der finanziellen Freiheit gelebt werden kann, erfahren Sie im weiteren Verlauf dieses Buches.

Extra: Wie Sie in Gehaltsverhandlungen erfolgreich sind

Einen höheren Verdienst anzustreben ist, wie Sie bereits wissen, einer der Schlüssel zum Erfolg in Richtung finanzielle Freiheit. Zur finanziellen Intelligenz gehört daher eine realistische Einschätzung des eigenen Wertes am Arbeitsmarkt und somit auch die Stärke, diesen Wert in Form von Gehalt durchzusetzen.

Um erfolgreich eine Gehaltsverhandlung zu bestreiten, sind handfeste Gründe notwendig, warum gerade Sie es verdient haben, besser als zuvor für Ihre Arbeit bezahlt zu werden. **Zum einen kann das eine Erhöhung Ihres persönlichen Humankapitals sein, die Ihrer Gehaltsforderung zugrunde liegt.** Das Unternehmen braucht Sie, weil Ihre Fähigkeiten sonst nur wenige vorweisen können und Sie somit schnell einen anderen Job finden würden. Andererseits kann der Gehaltsforderung auch zugrunde gelegt werden, dass Sie abseits Ihres Humankapitals sehr gute Arbeit leisten. Das zu beweisen, gelingt häufig durch Verkaufszahlen oder vergleichbare Werte, die in Ihrer Branche von Bedeutung sind. **Helfen kann außerdem eine Einschätzung eines unabhängigen Beobachters.** Beispielsweise auch die Zufriedenheit der Kunden kann ausdrücken, wie wertvoll Sie für die Unternehmung sind, weshalb Sie Ihre Forderung auch darauf stützen können. Ein empirischer Beweis dafür ist häufig schwer vorzulegen, doch der Arbeitsalltag und die Beobachtung durch Ihren Chef sollten meist genügen, denn der Vorgesetzte weiß genau, wo Ihre Stärken liegen. Zeigen Sie ihm, dass Sie sich dessen bewusst sind.

Achten Sie bei Ihrer Forderung außerdem darauf, dass Sie einen günstigen Zeitpunkt für Ihr Anliegen erwischen. Insbesondere Krisenzeiten im Unternehmen oder Tage, an denen eine Bewertung Ihres Chefs durch Höhergestellte erfolgt, sind unpassend. **Des Weiteren ist es wichtig, dass Sie sich auf die Verhandlung vorbereiten.** Neben der richtigen Kleidung (im Optimalfall kleiden Sie sich am Verhandlungstag overdressed im Vergleich zu anderen Arbeitstagen) und der Ausstrahlung (freundlich, aber bestimmt) ist ebenfalls ausschlaggebend, dass Sie genau wissen, was Sie wollen und dementsprechend Verhandlungsgeschick beweisen.

Anders, als viele denken, ähnelt eine Gehaltsverhandlung einem Verkauf auf dem Flohmarkt, nur dass Sie Ihre Arbeitskraft anbieten und Ihr Chef diese erwerben möchte. Eine solide Einschätzung über branchenübliche Gehälter erhalten Sie meist bei Vermittlungsseiten für Jobangebote oder indem Sie sich bei einer Konkurrenzfirma bewerben und sich ein Angebot unterbreiten lassen.

Dabei sollten Sie jedoch vorsichtig sein, denn oft ist dieses Vorgehen nicht gern gesehen und könnte – soweit Sie für die Firma entbehrlich sind – zu keinem Entgegenkommen der Führungsetage führen. Dementsprechend sollten Sie wissen, wie weit Sie mit Ihren Forderungen gehen können, wenn der Job für Sie unentbehrlich ist. Abschließend dürfen Sie am Ende des Gesprächs nicht vergessen, sich die ausgehandelte Gehaltssumme schriftlich bestätigen zu lassen. Möglicherweise war es ein hitziges Gespräch mit vielen Kompromissen, die die Führungsetage nach weiterem Überlegen noch einmal revidieren möchte. Das geht umso schwerer, wenn der Vertrag bereits geschlossen wurde.

WIE UNTERSCHEIDEN SICH ANGESTELLTE, SELBSTSTÄNDIGE UND UNTERNEHMER?

Stehen Sie noch vor der Entscheidung, welchen Berufsweg Sie einmal gehen wollen, oder sind Sie möglicherweise bereit, Ihr Berufsfeld zu ändern, dann erläutere ich Ihnen in diesem Abschnitt strukturiert, was einen Angestellten von einem Selbstständigen unterscheidet. Im Anschluss klären wir noch, was es mit dem im Sprachgebrauch häufig verwendeten Unternehmer auf sich hat.

Eines haben alle drei gemeinsam: Sie verkaufen ihre Arbeitskraft für Geld. Diese Arbeitskraft ist stark von der verfügbaren Zeit abhängig, denn egal, wie produktiv man ist, also wie erfolgreich die Zeit genutzt wird, sie bleibt immer begrenzt. Es ist daher unmöglich, Arbeitskraft isoliert von Zeit zu betrachten, sodass sich behaupten lässt, wenn Sie arbeiten, verkaufen Sie Ihre Zeit und erhalten im Gegenzug Geld. Mithilfe höherer Produktivität lässt sich diese dann sinnvoller nutzen (Sie können sie teurer verkaufen) – die Restriktion von 24 Stunden pro Tag bleibt jedoch erhalten. Wie nutzt man demzufolge die begrenzte Ressource Zeit am besten? Nun, darin unterscheiden sich Unternehmer, Selbstständige und Arbeitnehmer grundlegend.

Die Flexibilität der Zeit

Wie es der Name bereits sagt, arbeiten Selbstständige für sich *selbst* und das auch noch *ständig*. Es gibt keine geregelten Arbeitszeiten und teilweise auch keine gesetzlichen Ruhezeiten, an die sich gehalten werden muss. So können die vorhandenen 24 Stunden am Tag, die theoretisch zur Verfügung stehen, um produktiv zu sein, bestmöglich ausgenutzt werden. Damit ist vor allem die Einteilung gemeint und weniger die volle Ausnutzung der vorhandenen Zeit, denn genug Schlaf und etwas Zeit zum Essen sollte sich jeder Mensch genehmigen.

Im Umgang mit Zeit hat der Selbstständige dementsprechend einen Vorteil. Arbeitnehmer sind häufig darauf angewiesen, wann sie eingesetzt werden; wenn im Schichtdienst gearbeitet wird, muss nahezu der gesamte Tagesablauf umgestellt werden. Der Mensch passt sein Leben im Angestelltenverhältnis an die Arbeit an. In der Selbstständigkeit besteht allerdings die Möglichkeit, die Arbeit an die aktuellen Lebensumstände anzupassen. Damit sind vor allem kurzfristig notwendige längere oder kürzere Arbeitszeiten, spontane Urlaubsplanung oder sogar ein Verzicht auf Urlaub und im Allgemeinen erhöhte Flexibilität bezüglich der Tageseinteilung gemeint.

Altersvorsorge

Auch wenn häufig davon berichtet wird, das Rentensystem in Deutschland stehe vor dem Aus und könne die versprochenen Beiträge nicht leisten, ist die gesetzliche Altersvorsorge in Deutschland anderen Ländern weit voraus. In weniger entwickelten Ländern gelten weiterhin viele Kinder als einzig sichere Altersvorsorge, während das Vertrauen in die Stabilität von monetären oder auch Sachwerten nicht vorhanden ist.

Nur wenige Menschen in weniger entwickelten Ländern können Geld sparen und denjenigen, die es können, fehlt das notwendige Vertrauen in staatliche Systeme. Um Sie davor zu bewahren, sich zu sehr von den Aussagen über das deutsche Rentensystem in den Medien leiten zu lassen, möchte ich eine Erklärung folgen lassen. In Deutschland funktioniert das Rentensystem nach einem Punktesystem. Dabei erhalten Arbeitnehmer für ein vollständig gearbeitetes Jahr einen Rentenpunkt, sodass bei einem Arbeitseintrittsalter von beispielsweise 16 Jahren und einem Austrittsalter von 63 Jahren maximal 47 Rentenpunkte erworben werden können. Die Anzahl der erhaltenen Rentenpunkte bestimmen nach dem Renteneintrittsalter die Höhe der Rente, welche sich dann noch zusätzlich in den ersten Jahren um einen geringen Faktor erhöht.

So weit, so gut, doch woher kommt die Kritik an diesem System? Problematisch ist, dass wir in Deutschland zunehmend einer Überalterung der Gesellschaft gegenübersehen. Daraus resultiert, dass immer mehr Menschen mit

Rentenansprüchen auf immer weniger erwerbstätige Personen kommen, sodass das erwirtschaftete Einkommen wenigerer Menschen für die Rentenzahlung immer mehr werdender Menschen herhalten muss. Dazu kommt, dass sich in Deutschland das Umlageverfahren durchgesetzt hat, was bedeutet, dass das eingezahlte Kapital nicht gesammelt wird (wie beim Kapitaldeckungsverfahren), sondern sofort für die aktuellen Rentenansprüche genutzt wird.

Es findet keine Ansammlung eines Kapitalbestandes statt, die das Problem allerdings auch nur um einige Jahre nach hinten verschoben hätte. Kurzfristig hilfreiche Lösungen sind deshalb zum einen die Erhöhung des Renteneintrittsalters (von aktuell 63 Jahren auf 65 oder 67 Jahre), zum anderen eine Verringerung der Auszahlungshöhe pro Person oder zu guter Letzt eine Erhöhung der einzuzahlenden Beiträge je Erwerbsperson. Zusammengefasst lässt sich daher sagen, dass das Rentensystem aufgrund der gesellschaftlichen Überalterung in Deutschland einem Problem gegenübersteht, diesem allerdings durch teils unangenehme Lösungen entgegengewirkt werden kann.

Demnach braucht kein aktueller Arbeitnehmer fürchten, dass die eigene Rente ausfallen würde oder nicht fair nach den gesammelten Rentenpunkten ausgezahlt werden würde. Lediglich eine Verringerung des Auszahlungsbetrages sowie eine Erhöhung des Renteneintrittsalters sind denkbare Folgen, die aufgrund der Überalterung für die künftigen Rentenansprüche entstehen.

Warum ist umfangreiches Wissen über die aktuelle Rentenstruktur relevant für die Entscheidung zwischen Angestelltenverhältnis und Selbstständigkeit? Das liegt auf der Hand, denn Arbeitnehmer zahlen vom Bruttolohn monatlich einen prozentualen Betrag in die gesetzliche Rentenversicherung ein, der die eben erläuterten Rentenpunkte garantiert. So ist zumindest eine teilweise Absicherung im Alter gewährleistet, nur die Höhe der Einkünfte daraus ist noch nicht festgelegt.

Ein weiteres Beispiel sind Beamte, die eine festgelegte Pension als Altersvorsorge erhalten. Üblicherweise liegt diese deutlich über dem Durchschnitt der Auszahlung aus der gesetzlichen Rentenversicherung. Selbstständige können von einer gesicherten Pension im Alter nur träumen, denn sie haben keinen Anspruch auf die gesetzlichen Mechanismen zur Altersvorsorge. Stattdessen sollte die Selbstständigkeit darauf abzielen, ebenfalls monatlich (eigenverantwortlich) Kapital zu sparen oder in Sachwerte zu investieren, damit die Altersvorsorge gesichert ist.

Eng damit im Zusammenhang steht wiederum die finanzielle Freiheit. Sie bemerken, dass aufgrund der Selbstständigkeit zwar die Möglichkeit entsteht, sich ein eigenes Vermögen aufzubauen, da man nicht gezwungen ist, in die gesetzliche Altersvorsorge einzuzahlen, demgegenüber stehen jedoch auch die Risiken, die ähnlich wie bei der finanziellen Freiheit nicht vollständig auszuschließen sind. Welche Risiken das vor allem sind, erfahren Sie im großen Kapitel über das passive Einkommen.

Monatliches Einkommen

Wie bereits erläutert, bietet das Einkommen eines Selbstständigen die Möglichkeit, eigenverantwortlich damit umzugehen und für das Alter vorzusorgen. Das klingt insofern nach einem großen Vorteil, soweit das Einkommen gesichert ist. Dies ist maßgeblich vom ausgeübten Beruf als Selbstständiger abhängig. Beispielsweise können Mediziner meist auf ein sicheres Basiseinkommen bauen, welches beispielsweise durch die eigene Praxis stets erreicht wird, auch wenn es wenige Patienten gibt. Anders ist das bei Schriftstellern oder Schauspielern, die auf den eigenen Ideenreichtum oder auf Aufträge angewiesen sind, die üblicherweise nicht in regelmäßigen Abständen kommen und außerdem kein monatliches Gehalt abwerfen.

So unterscheidet sich der erwirtschaftete Verdienst von Monat zu Monat teils sehr stark, sodass eine geregelte Altersvorsorge zum Problem werden kann. Teilweise geht die Problematik sogar so weit, dass in einem schwachen Monat gespartes Kapital für alltägliche Ausgaben genutzt werden muss. Überlegen Sie sich daher, welche Berufsgruppe zu Ihnen passt und was Sie von Ihrem Beruf aus finanzieller Sicht erwarten – dabei spielt neben der Höhe des Einkommens auch die Regelmäßigkeit der Zahlungen eine entscheidende Rolle. Im anschließenden Abschnitt dieses Buches habe ich Ihnen zusammengefasst, in welchen Berufsgruppen Sie welches Gehalt erwarten können.

Was versteht man unter einem Unternehmer?

Auf dem Weg zu finanzieller Intelligenz und im Anschluss daran zur finanziellen Freiheit sollten Sie nun genau aufpassen, denn jetzt gibt es eine Art Teaser für das Mindset, welches Ihnen stark weiterhelfen wird.

Was sind Unternehmer und wie unterscheiden sie sich von Selbstständigen? Auf den ersten Blick fällt die Abgrenzung gar nicht so leicht, weil

Unternehmer ebenfalls nicht angestellt sind und somit auch nicht in das gesetzliche Rentensystem einzahlen.

Weiterhin gibt es weder geregelte Arbeitszeiten noch ein geregeltes Einkommen. Der größte Unterschied zum Selbstständigen liegt allerdings darin, dass der Unternehmer nicht *in* seinem Unternehmen arbeitet, sondern *an* seinem Unternehmen. Was ist damit gemeint? Selbstständige führen die Arbeit aus, die den Gewinn erwirtschaftet, und sind insbesondere aufgrund besonderer Kenntnisse und hohem Humankapital dazu befähigt. Unternehmer hingegen führen nur selten die Arbeit aus, die den Gewinn erwirtschaftet, sondern finden sich vor allem in einer Managementfunktion wieder. So wird ein System geschaffen, das mithilfe von automatisierten Abläufen durch Maschinen oder durch die Arbeitskraft von Angestellten die eigene Zeit vom erwirtschafteten Geld entkoppelt.

Zwar hat der Tag weiterhin 24 Stunden, von denen nur ein Teil für Arbeit genutzt werden kann, allerdings ist die eigene Arbeitskraft nun nicht mehr der entscheidende Punkt, der zum Erwirtschaften des Gewinns notwendig ist. Dementsprechend ist der Status als Unternehmer eine Stufe, die der finanziellen Freiheit bereits sehr nahekommt, da die eigene Arbeitskraft nicht mehr gebraucht wird. Somit können ebenfalls die eigenen Managementaufgaben ausgelagert werden, sodass das Unternehmen bald den Charakter einer Investition annimmt, die Tag für Tag mit dem investierten Kapital Gewinne erwirtschaftet.

DAS SIND DIE BESTBEZAHLTEN BERUFSGRUPPEN

In Deutschland ist das Thema Gehalt häufig noch tabu. Viele Arbeitnehmer und Selbstständige reden nur äußerst ungern darüber, wie viel Geld sie wirklich verdienen. Gründe dafür sind vor allem der Datenschutz und Neid zwischen Arbeitnehmern einer Firma. Teilweise bestehen nämlich auch innerhalb einer Firma hohe Gehaltsunterschiede, besonders, wenn viele Stellen von Personen mit hohem Humankapital besetzt werden.

Anders ist es bei **Anstellungen in öffentlichen Anstalten** oder im öffentlichen Dienst, welche meist nach Tarifverträgen bezahlt werden, die für jeden einsehbar sind. Da das Einkommen auf dem Weg zur finanziellen Freiheit einen maßgeblichen Einfluss hat und damit Sie einen Eindruck davon bekommen, in welchen Branchen und Bereichen sich eine Menge Geld verdienen lässt, fasse ich Ihnen in diesem Abschnitt die wichtigsten Informationen dazu zusammen. Welche

Auswirkungen das auf Sie hat, bleibt allein Ihnen überlassen, da nur Sie Ihre persönliche Lebenssituation kennen und so wissen, ob eine Umorientierung in bestimmte Berufsbereiche denkbar ist. Die im Folgenden aufbereiteten Daten basieren auf dem Gehaltsreport 2021 der Plattform Stepstone.

An erster Stelle in Deutschland stehen **Ärzte** mit einem Bruttogehalt von jährlich knapp 89.500 Euro. Dies ist keine Überraschung, denn das erforderliche Humankapital in Form des Studiums und der anschließenden Ausbildung ist sehr wertvoll. Ärzte haben hohe Verantwortung, arbeiten häufig in Schichtdiensten und dürfen sich so gut wie keine Fehler erlauben. Außerdem handelt es sich um eine krisensichere Berufsgruppe, da gut ausgebildete Ärzte wohl nie ersetzt werden können. Problematisch ist der Zugang zu diesem Berufsfeld, da zum einen ein anspruchsvolles Studium mit hohen Zugangsbeschränkungen notwendig ist und die Dauer bis zum ersten Verdienst lang sein kann. Seien Sie sich dessen bewusst, wenn Sie dieses Berufsfeld reizt.

Die nachfolgende Berufsgruppe umfasst neben **Steuerberatern**, Fondsmanagern, Ökonomen und Investmentbankern noch viele weitere Berufe im Bereich der Finanzen. Arbeitnehmer im Finanzsektor werden mit durchschnittlich knapp 74.000 Euro Bruttogehalt im Jahr auch deshalb so gut bezahlt, weil zum einen die Verantwortung durch die Verwaltung fremden Kapitals hoch ist, allerdings auch die gesellschaftliche Notwendigkeit für ein stabiles Finanzsystem gegeben ist. Wer verantwortungsvoll mit Geld umgehen kann, hat auf dem Arbeitsmarkt stets gute Chancen, da auch das Erkennen des eigenen Wertes eine große Rolle bei der Höhe des Gehalts spielt. Auch Sie bilden sich durch das Lesen dieses Buches soeben im Finanzsektor weiter, weshalb eine mögliche Weiterbildung auf Berufsniveau möglich scheint. Häufig öffnen Studiengänge wie Betriebswirtschaftslehre, Volkswirtschaftslehre oder Wirtschaftswissenschaften Tür und Tor in der Finanzwelt. Seien Sie sich aber auch dabei dessen bewusst, dass zu der langen Ausbildungszeit häufig Berufserfahrung gehört, um Gehälter in der oben vorgestellten Größenklasse zu erzielen.

Die am drittbesten bezahlte Branche ist die der **Juristen**. Dazu gehören Volljuristen, Anwälte, Richter, Notare und Wirtschaftsjuristen. Die rund 68.500 Euro brutto im Jahr rechtfertigen sich insbesondere durch die lange Ausbildungsdauer. Um in Deutschland Volljurist zu sein und somit Zugang zur Anwaltskammer oder zu Richterposten zu haben, muss das erste Staatsexamen nach fünf Jahren Regelstudienzeit an der Universität abgelegt werden, worauf das zweite Staatsexamen nach weiteren zwei Jahren Referendariat erfolgt. Dazu kommt, dass die Anzahl der

Versuche je Prüfung stark beschränkt ist und die Prüfungen als besonders schwer gelten. Einstiegsgehälter unterscheiden sich bei Volljuristen stark, Beispiele hierfür sind vergleichsweise niedrige Einstiegsgehalte im Strafrecht im Gegensatz zu hohen Einstiegsgehältern im Unternehmensrecht. Dorthin können Sie es übrigens auch schaffen, wenn Sie ein Studium des Wirtschaftsrechts absolvieren. Der Master of Law befähigt zwar nicht zur Aufnahme eines Richter-, Anwalts- oder Notarpostens, dennoch sind Sie durch Ihre Expertise in wirtschaftsrechtlichen Fragen bei Unternehmen von hohem Wert. Dieses Studium gilt im Vergleich zu Jura als weniger schwierig.

Weitere sehr gut bezahlte Branchen sind die **IT-Branche**, das Ingenieurwesen und das Bauwesen, welche sich zwischen 57.000 und 62.000 Euro brutto pro Jahr einordnen lassen. In einer ähnlichen Kategorie finden sich Berufe wieder, die ebenfalls wie die Finanzbranche auf Studiengängen im Bereich Wirtschaftswissenschaften und insbesondere Betriebswirtschaftslehre aufbauen. Gemeint sind verschiedene Unternehmensbereiche wie Marketing, Produktion und Logistik oder das Personalwesen. Weiterhin interessant für Sie dürfte die Berufsgruppe der Unternehmensberater sein, vor allem, da Sie im nächsten Abschnitt den Grundaufbau eines passiven Einkommens kennenlernen. Unternehmensberater verdienen im Durchschnitt 64.000 Euro brutto im Jahr und zeichnen sich durch die Vernetzung von umfangreichem Wissen in der Betriebswirtschaft aus.

Money Mindset

In diesem Kapitel möchte ich mit Ihnen Schritt für Schritt aufarbeiten, wie Sie zum Thema Geld stehen. Insbesondere konzentrieren wir uns auf Ihre persönliche Einstellung, sodass Verhaltensmuster und Blockaden untersucht werden und entsprechend verändert werden können. Viele Experten bezeichnen das Money Mindset als Brille, die ab sofort Ihre Sicht auf Geld und Finanzen maßgeblich beeinflusst. Ich persönlich empfinde das Money Mindset allerdings vor allem als das Absetzen der Brille, die Sie sich im Laufe Ihres Lebens angeeignet haben. Durch Erfahrungen, Werte und Normen wissen Sie, was Geld ist und wie Sie persönlich damit umgehen. Doch in den meisten Fällen kann dieser Blickwinkel nicht zur finanziellen Freiheit führen und er verhindert das Verständnis für die Idee hinter passivem Einkommen.

NEGATIVE GLAUBENSSÄTZE LOSWERDEN

Auf der Grundlage der eben angeführten Definition des Begriffs Mindset geht es im ersten Schritt darum, sich von (negativen) Glaubenssätzen zu befreien und somit eine neue Sicht auf Geld zu entwickeln. Dieser Ansatz zielt vor allem auf das Unterbewusstsein ab, denn die persönliche Einstellung zu Geld entwickelt sich häufig nicht bewusst, sondern unbewusst im Laufe des Lebens.

Viele Menschen haben ein falsches Verständnis vom Geldverdienen. Ein Grund dafür, dass nur selten über Gehälter gesprochen wird, ist, dass viel Geld zu verdienen von der Gesellschaft als schlecht angesehen wird. Das liegt daran, dass Kapital nur in begrenztem Umfang verfügbar ist und somit das eigene Geld auch jemand anderem gehören könnte. Man fühlt sich, als nehme man das Geld jemandem weg, der es dringender bräuchte. Dass dieses Konzept nicht der Realität entspricht, sollte jedem, der in Deutschland lebt, bewusst sein. Schlicht gesagt ist es nicht Ihre Aufgabe, für das finanzielle Wohlbefinden der anderen zu sorgen. Das ist Aufgabe des Staates und aus diesem Grund existieren auch einige Umverteilungsmechanismen, allen voran Steuern. Aufgrund der Tatsache, dass sich in Deutschland jeder einem funktionierenden Sozialstaat gegenübersieht, kann niemand zur Verantwortung gezogen werden, das eigene Vermögen umverteilen zu müssen. Legitimation dafür sind vor allem Steuern, die Besserverdienende in größerem Umfang zahlen als Personen mit geringem monatlichem Einkommen. Um diesen Denkansatz zu verinnerlichen, hilft es, sich negative Glaubenssätze entsprechend umzuformulieren:

„Wer viel Geld hat, nimmt anderen etwas weg" wird zu „Wer viel Geld hat, erhält die Möglichkeit, es gerecht zu verteilen".

Sie wissen nicht, wer davon profitieren würde, wenn Sie persönlich weniger Geld verdienen. Aber eines ist sicher: Nur wenn Sie selbst entscheiden, wie das verfügbare Geld genutzt wird, können Sie Ihre Ideale umsetzen und so Gutes tun. Das können Sie nicht, wenn Sie nur wenig Geld zur Verfügung haben.

Weitere negative Glaubenssätze sind beispielsweise: *„Gesundheit ist wichtiger als Geld"*, was sich eindeutig darauf bezieht, dass zu viel Arbeit krank machen kann. Und damit hätte derjenige recht, doch nicht in Bezug auf das Mindset, das Sie sich aneignen werden. Das Ziel dieses Buches ist neben finanzieller Intelligenz auch die finanzielle Freiheit, welche sich maßgeblich durch passives Einkommen erwirtschaften lässt und somit in keiner Weise krank macht. Deshalb ist es sinnvoll, sich diesen Glaubenssatz folgendermaßen umzuformulieren:

„Viel Geld ermöglicht es mir, mich besser um meine Gesundheit zu kümmern."

Zu guter Letzt möchte ich noch auf den Klassiker der negativen Glaubenssätze eingehen, auf den Sie möglicherweise schon warten:

„Geld allein macht nicht glücklich."

Und auch damit hat die Gesellschaft recht, denn Geld allein ist wertlos, wenn sich damit nichts kaufen lässt oder die jeweilige Umwelt nicht stimmt. Es ist außerdem korrekt, dass neben Geld noch viele andere Dinge im Leben glücklich machen können, manchmal sogar deutlich mehr als Geld. Fest steht aber auch:

„Geld erleichtert den Alltag und gehört zu einem sorgenfreien Leben."

Das bedeutet, auch wenn Sie durch Geld allein vermutlich nicht glücklich werden, kann es doch maßgeblich dazu beitragen, dass Sie es dennoch sind. Denn Glück ist kein eindeutig definierbarer Begriff und wirkt sich bei jedem Menschen anders aus.

Warum sich also von negativen Zitaten verschrecken lassen, wenn sie doch nur die halbe Wahrheit wiedergeben?

Als Fazit bleibt demnach, dass Geld weniger das Glück selbst, sondern ein Mittel zum Zweck ist – also für Glück sorgen kann. Ein fataler Trugschluss aus dem Glaubenssatz *„Gesundheit ist wichtiger als Geld“* wäre zu behaupten, man bräuchte dann kein Geld. Solange man gesund ist, sei alles in Ordnung. Doch auch das stimmt so nicht: Zweifelsohne ist Gesundheit wichtiger als Geld und trägt einen großen Teil zum eigenen Glück bei. Dennoch bleibt Geld als Komponente, um im Falle der fehlenden Gesundheit das Leben genießen zu können. Schütteln Sie daher die negative Energie ab, die Sie von der Gesellschaft bezüglich Geld erhalten, und lernen Sie, Kapital für sich zu nutzen, sodass Gesundheit, Glück und Geld einander bedingen und sich nicht gegenseitig ausschließen.

WIE SIE IHR MINDSET SCHRITT FÜR SCHRITT ZUM POSITIVEN VERÄNDERN

Wenn Sie sich etwas genauer mit dem Money Mindset beschäftigen und entsprechende Literatur und Hinweise lesen, werden Sie feststellen, dass kein allgemeingültiger Vorgehensplan zur Verfügung gestellt werden kann. Das ist auch deshalb schlüssig, weil nicht jede Person zuvor die gleiche Einstellung zu Geld hat. Dennoch habe ich zum größten Teil anhand meiner Erfahrungen, aber auch unter der Nutzung einiger Vorgehenspläne einen Schritte-Plan erstellt, der Ihnen helfen wird, sich von einem negativen Mindset gegenüber Geld zu lösen. An welcher Stelle Sie sich einordnen und wie Sie die Ideen konkret umsetzen, bleibt Ihnen überlassen. Eines ist allerdings sicher: Dieser Abschnitt wird Ihnen dabei eine große Hilfe sein.

Zunächst muss der Ursprung des aktuellen Mindsets gefunden werden. *Woher haben Sie die Einstellung, die Sie momentan über Geld hegen?* Bei vielen stammt diese aus der Erziehung, andere haben selbst Erfahrungen gemacht, die dieses Bild notwendig erscheinen lassen. Zum Teil erfahren Personen ihr Mindset über Geld auch hauptsächlich über Medien und erhalten so gar nicht die Chance, sich ein eigenes zu bilden oder sich ein progressives Mindset aufzubauen. Es gilt daher, den Ursprung nicht nur zu identifizieren, sondern auch kritisch zu hinterfragen: *Beeinflusst Sie der Ursprung auch heute noch?* Wenn das der Fall ist und Ihnen das bisherige Mindset bezüglich finanzieller Intelligenz nicht weiterhilft, empfehle ich, diesen Ursprung möglichst aus dem eigenen Leben bzw. aus allem, was Finanzen betrifft, herauszuhalten.

Haben Sie den ersten Schritt erfolgreich durchlaufen, sollten Sie Ihr eigenes Handeln besser reflektieren können. Dabei beziehe ich mich vor allem auf Konsumentscheidungen, wie zum Beispiel das Verhalten beim Onlineshopping. Aber auch das bisherige Sparverhalten sollte zunächst kennengelernt werden, bevor es überarbeitet werden kann. **Danach sollte eine bewusste Entscheidung gegen negative Gedanken bezüglich der eigenen Finanzen erfolgen.** Wie im vorherigen Abschnitt bereits vermittelt, führen negative Glaubenssätze, die Ihnen die Gesellschaft vermittelt, nicht ans Ziel. Wichtig ist deshalb, sich in diesem Schritt die positiven Effekte aus einem höheren Einkommen bzw. Vermögen vor Augen zu führen und zu reflektieren, was sich in Ihrem Leben dadurch verändern könnte. *Was sind Ihre Ziele mit höherem Einkommen? Wie verändert höheres Einkommen und schließlich auch finanzielle Unabhängigkeit Ihr privates Leben?*

Der vorletzte Schritt bezieht sich auf das private Umfeld, welches Sie umgibt. Im ersten Schritt ging es bereits darum, den Ursprung des aktuellen (negativen) Mindsets zu finden und sich so bewusst von diesem abzugrenzen. Dieser Abgrenzung folgt nun die Suche nach einem neuen, inspirierenden Umfeld. Positive Glaubenssätze können nur behalten werden, wenn Ihre Mitmenschen diese teilen. Fühlen Sie sich als Außenseiter, werden Sie Ihren Traum vermutlich nicht mit der nötigen Kraft verfolgen, die Sie für finanzielle Freiheit benötigen. Mit diesem Tipp möchte ich nicht dazu anregen, einen Freundeskreis aufzugeben oder sich von wichtigen Personen des privaten Umfelds abzuwenden, sondern vielmehr, das Thema Finanzen nur mit dem Umfeld zu besprechen, in dem Sie ähnliche oder sogar höhere finanzielle Intelligenz wiederfinden. Ein neues Umfeld bezüglich der Finanzen kennenzulernen wird Ihnen dabei helfen, neue Inspirationen zu sammeln, aber gleichzeitig das Ziel nicht aus den Augen zu verlieren.

Der finale Schritt zum erfolgreichen Money Mindset ist zweifelsohne der schwierigste in diesem Praxistipp, denn hierbei geht es um die Erhaltung des Wissens sowie die stille Konditionierung Ihres Unterbewusstseins. Die Umgebung durch inspirierende Personen ist somit nur Mittel zum Zweck, um über einen langwierigen Prozess das eigene Mindset zu beeinflussen. Ziel ist es dabei, vor allem im Unterbewusstsein anzuknüpfen, damit die eigenen Gedanken die über Jahre angeeigneten negativen Glaubenssätze bestmöglich verdrängen. Es ist daher wichtig, sich so oft wie möglich an die Vorteile der finanziellen Intelligenz zu erinnern und sich vor Augen zu führen, weshalb es sich lohnt, den zugegebenermaßen hohen Aufwand zu betreiben.

Erfolgreich aus dem Hamsterrad aussteigen

Einigen Menschen fällt es schwer, wirklich an den eigenen Reichtum zu glauben. Sie verspüren eine gewisse Distanz zu Unternehmern oder Immobilienbesitzern, weil sie sich nicht vorstellen können, einmal selbst an deren Stelle zu stehen. Dank eines geänderten Mindsets und unabhängig von Ihrer persönlichen Situation haben Sie diesen Schritt überwunden und sind bereit, *groß* zu denken. Damit meine ich, aus dem Hamsterrad auszusteigen, indem Vermögen angespart wird, welches für Renditeobjekte genutzt werden kann. So entsteht neben dem Hamsterrad, welches sinnbildlich Ihren Berufsalltag darstellt, ein kleiner Berg, der Ihre Zukunft darstellt. Darin gespeichert sind monetäre und Sachwerte. Warum dieser Berg stetig wächst und weshalb Ihre Runden im Hamsterrad ohne diesen Berg immer größer werden würden, erkläre ich Ihnen jetzt.

DIE INFLATION UND IHRE FOLGEN

Was ist das, eine Inflation?

Die Inflation ist eine Folge des stetigen Wirtschaftswachstums einer gesunden Marktwirtschaft. Dass Volkswirtschaften wachsen müssen, um sich weiterentwickeln zu können, ist eine finanzwirtschaftliche Grundlage. Daraus folgt, dass sich das Preis- und Lohnniveau über die Zeit anpasst, sodass es sich im Optimalfall gegenseitig ausgleicht. Während Güter teurer werden, steigen auch die Löhne, damit sich für Einzelpersonen kaum etwas durch die Inflation ändert – könnte man meinen. In der Realität ist es allerdings so, dass sich Löhne nur zeitversetzt an die Inflation anpassen und dann oftmals nicht in angemessener Höhe.

Das liegt vor allem daran, dass Löhne nicht staatlich reguliert sind und somit die Firmen allein entscheiden, wie viel an die Arbeitnehmer gezahlt wird. Dass die Firmen nicht an einer jährlichen Lohnanpassung interessiert sind, sollte offensichtlich sein, denn die meisten handeln gewinnmaximierend. Die Güterpreise allerdings passen sich fortlaufend an das aktuelle Preisniveau an. Besonders offensichtlich merkt man das bei Obst und Gemüse sowie anderen frischen Lebensmitteln wie Milch oder Fleisch. Diese sind zwar zusätzlich von aktuellen

Preisschwankungen abhängig und unterliegen häufig politischen Preisbeeinflussungen (z. B. Biolebensmittel), gelten aber dennoch als gut beobachtbarer Indikator für die Inflation.

Wer ist für die Inflation verantwortlich?

Die Inflation wird nicht von der Regierung festgelegt oder direkt gesteuert, sie wird lediglich durch das Zinsniveau und weitere Faktoren in eine bestimmte Richtung gelenkt. Ein niedriges Zinsniveau sorgt demnach für eine tendenziell höhere Inflation, weil Geld „günstig" verfügbar ist und somit große Investitionen von Firmen einfacher möglich sind. Dementsprechend sorgen allein die Firmen durch die Preissetzung für die Höhe der Inflation, welche sich darauf begründet, dass sich die Beschaffungs- und Produktionskosten erhöhen.

Sie bemerken, dass sich hier einige Zusammenhänge ergeben, die für Sie persönlich nicht entscheidend sind. Wichtig ist, dass Sie wissen, dass es über einen gewissen Zeitraum in einer gesunden Volkswirtschaft zwangsläufig Inflation geben wird und wie sie gemessen wird. Diese Messung wird anhand eines fiktiven Warenkorbs durchgeführt, in dem sich verschiedene Produkte befinden. Es wird darauf geachtet, dass diese Produkte unterschiedliche Lebensbereiche sowie verschiedene Branchen widerspiegeln. Die Zusammensetzung besteht demnach unter anderem aus Lebensmitteln, Kleidung, Autos, Luxusartikeln und Rohstoffen, wie zum Beispiel Benzin, aber auch Strom und Gas sind wichtige Einflussfaktoren.

Der aktuelle Warenkorb wird dann mit dem der letzten Messung verglichen und die prozentuale Preissteigerung wird folglich errechnet. Der sich ergebende Wert stellt die Inflation dar. In Deutschland liegt sie aufgrund der Corona-Pandemie im Oktober 2021 bei rund 4,5 % – Tendenz steigend. Außerhalb von Krisenzeiten sind Inflationsraten von 1,5 bis 2 % europaweiter Durchschnitt gewesen.

Welche Schlussfolgerung entsteht für Sie daraus?

Eine Inflationsrate von in etwa zwei % bedeutet für Sie im Alltag, dass Sie einen gemischten Warenkorb im letzten Jahr für 98 Euro kaufen konnten, Sie ihn aber heute nur noch für 100 Euro erhalten. Ihr Geld hat sich in diesem Jahr um zwei % entwertet. Zwar bleibt ein 100-Euro-Schein weiterhin ein 100-Euro-Schein, allerdings schwindet die Kaufkraft dieses Geldes. Im Umkehrschluss bedeutet das, dass Sie der Inflation entgegenwirken müssen, um zumindest die Kaufkraft des eigenen Kapitals zu erhalten. Schließlich wollen Sie nicht nur deshalb ärmer werden, weil

Sie Ihr Geld nicht ausgeben. Das ist allerdings real der Fall, wenn Sie beispielsweise Bargeld über mehrere Jahre zu Hause unter dem Bett verstecken. Dies ist ein Grund für die Notwendigkeit des Investierens und somit des Nutzens von vorhandenem Geld.

Was bedeutet exponentielles Wachstum?

In diesem Beispiel möchte ich Sie auf die Dringlichkeit dieses Abschnitts verweisen und erklären, wieso 2 % Inflationsrate deutlich mehr sein kann, als es im ersten Moment erscheint, zumindest, wenn Sie die lange Sicht betrachten.

Dafür ziehe ich die Preisentwicklung eines Neuwagens heran, der in diesem Jahr 30.000 Euro kostet. Wie viel müsste derselbe Neuwagen im nächsten Jahr kosten, wenn wir uns einer Inflation von 2 % gegenübersehen? Der Preis würde im nächsten Jahr 30.000 * 1,02 = 30.600 Euro betragen. Mir ist bewusst, dass diese Preissteigerung besonders bei teuren Gütern enorm zum Vorschein kommt, allerdings bin ich mit meinen Ausführungen noch nicht zu Ende, denn im nächsten Jahr erwartet Sie die nächste Inflationsrate von 2 %. Die neue Rechnung jedoch bezieht sich nicht auf den Ursprungspreis aus diesem Jahr, sondern auf den Preis des nächsten Jahres. Dementsprechend kostet der Neuwagen im übernächsten Jahr bereits 30.600 * 1,02 = 31.212 Euro. Das sind 12 Euro mehr Preissteigerung als im vergangenen Jahr.

Korrekt, diese Summe klingt lächerlich klein, doch das Ausmaß über die Zeit ist größer, als Sie vielleicht denken. Nach 5 weiteren Jahren beträgt der Preis des Neuwagens bereits 30.000 * 1,02^7 = 34.460,57 Euro und nach 10 weiteren Jahren sind wir bei einem Preis von 38.047,25 Euro angelangt. In 12 Jahren könnten Sie sich mit in bar gesparten 38.000 Euro also nur noch etwas leisten, was Sie sich vor 12 Jahren bereits für 30.000 Euro hätten kaufen können.

Die zugrundeliegenden Annahmen sind eine stetige Inflationsrate von 2 % sowie die Ausblendung von technischem Fortschritt und individueller Preisentwicklungen. *Erinnern Sie sich an die eingangs erwähnte Metapher mit dem Hamsterrad?* Sie bemerken, dass Ihr Ausstieg aus dem Hamsterrad ohne Investitionen unwahrscheinlicher wird, weil sich das Rad aufgrund der Inflation vergrößert. Es ist im nächsten Jahr mehr Aufwand als in diesem Jahr notwendig, um eine Runde zu laufen. Wie Sie dem entgegenwirken können und wieso der angesparte Haufen neben Ihrem Rad ohne Ihre Mithilfe größer wird, erkläre ich im Folgenden.

DER ZINSESZINSEFFEKT

Der sogenannte Zinseszinseffekt ist der Hauptgrund, weshalb es möglich ist, sich langfristig Vermögen aufzubauen. Vor allem entscheidend ist die Zeitspanne, aber auch die Sparrate. Doch, einmal von vorn.

Was ist der Zinseszinseffekt? Die Idee hinter dem Konzept ist, mit bereits generierten Zinsen weitere Zinsen zu erwirtschaften. Das bedeutet, dass einmal investiertes Geld, sofern es regelmäßig Zinsen generiert, von nun an selbstständig arbeitet. Es erhöht sich in jeder Periode um den jeweiligen Zinssatz, der allerdings nicht auf den Ausgangswert angewendet wird, sondern auf den Portfolio-Betrag der aktuellen Zinsperiode.

Im Allgemeinen lässt sich so auch exponentielles Wachstum verstehen. *Kennen Sie das Gedankenexperiment, in dem ein Blatt Papier so oft gefaltet wird, bis es so dick sein würde, dass es bis zum Mond reichen würde? Was glauben Sie, wie oft müssten Sie ein handelsübliches DIN-A4-Blatt in der Mitte falten, bis es so dick wäre, dass es bis zum Mond reicht?*

Die Antwort lautet: 42-mal. Folgende Rechnung liegt diesem Gedankenexperiment zugrunde. Ein handelsübliches Blatt Papier ist in etwa 0,1 mm dick. Faltet man es in der Mitte, erhalten wir eine Dicke von 0,2 mm. Erneutes Falten ergibt 0,4 mm; 0,8 mm; 1,6 mm; 3,2 mm usw., ich denke, Sie haben erkannt, worauf es hinausläuft. Nach 42-mal Falten erhält man 2^42 Lagen Papier, was umgerechnet pro Lage (0,1 mm) 4.398.046.511.104 Lagen ergibt, also 439.804 km. Da der Mond nur in etwa 380.000 km entfernt ist, kommt man sogar deutlich weiter, aber die letzte Faltung ist trotzdem notwendig, da sich die Dicke noch einmal verdoppelt. Sie bemerken, dass exponentielles Wachstum allein durch die Verdopplung der Menge innerhalb weniger Perioden (bzw. Faltvorgänge) auf enorme Summen kommen kann. Doch funktioniert das auch mit Geld?

Nun ja, theoretisch schon. Wenn Sie es schaffen, 0,1 Euro, also 10 Cent, 42 Perioden lang stets zu verdoppeln, können Sie sich davon wohl Ihr Traumhaus kaufen. Doch das ist nicht realistisch. Die ersten Perioden werden leicht fallen, doch mehrere Tausend Euro innerhalb eines Jahres durch Investitionen zu verdoppeln ist kaum möglich. Dennoch erklärt dieses Beispiel den Kern des Zinseszinseffekts, denn dieser erfolgt auf ähnliche Weise. Eine Verdopplung ist hier zwar so gut wie ausgeschlossen, denn dann würden 100 % Rendite notwendig sein, weshalb man hierbei von niedrigeren Prozentzahlen ausgeht, die dennoch über gewisse Zeitspannen Wunder bewirken können.

Ein Rechenbeispiel:

Nehmen wir an, Sie sparen einen monatlichen Betrag von 300 Euro und legen diesen in Ihrem Portfolio an. Ein Portfolio beschreibt hierbei die Zusammensetzung aller getätigten Investitionen, wie zum Beispiel am Aktienmarkt, Immobilienmarkt oder auch in Kryptowährung. Wie sich dieses zusammensetzen lässt, erfahren Sie im nächsten Kapitel über passives Einkommen. Ihr persönliches Portfolio wirft nun eine jährliche Durchschnittsrendite von 6 % ab, was bedeutet, dass Ihr investiertes Kapital sich jährlich um 6 % vermehrt. Außerdem vermehren sich ab dem zweiten Jahr auch die im ersten Jahr erhaltenen Zinsen von 6 % um weitere 6 % usw. Ihr Anlagehorizont beträgt im ersten Fall fünf Jahre, im zweiten Fall 15 Jahre und im dritten Fall 25 Jahre.

Welche Summen erwarten Sie? Werden sie proportional zueinander sein? Kleiner Spoiler: Das werden sie gewiss nicht. Beispielsweise werden Sie nach 15 Jahren nicht die dreifache Summe des Kapitals erwirtschaftet haben, welches Sie nach fünf Jahren generiert haben – es wird deutlich mehr sein. Woran das liegt? Sie ahnen es, am Zinseszinseffekt.

Mithilfe eines Zinsrechners lässt sich diese Simulation ganz einfach durchführen und ohne aufwendiges Tippen im Taschenrechner abbilden. Beispiel für einen Sparrechner: https://www.zinsen-berechnen.de/sparrechner.php

Ihr Anfangskapital beträgt in diesem Beispiel 0 Euro, die monatliche Sparrate liegt bei 300 Euro. Das Sparintervall ist monatlich, denn Sie zahlen die Sparrate jeden Monat neu ein. Der Zinssatz beträgt nun 6 %, was einem durchschnittlichen Zinssatz mit überschaubarem Risiko am Kapitalmarkt entspricht. Die Zinsperiode ist jährlich und es erfolgt eine Zinssammlung. Das ist wichtig, denn eine jährliche Auszahlung des Gewinns würde den Zinseszinseffekt verhindern und Ihnen eine deutlich geringere Rendite bescheren.

Die Ansparzeit beträgt zunächst fünf Jahre. Wenn Sie etwas nach unten scrollen, entdecken Sie die Aufschlüsselung des Endkapitals in Höhe von 20.953,07 Euro. Das dürfte Sie nicht überraschen, denn der davon eingezahlte Betrag macht einen Großteil des Endkapitals aus, nämlich stolze 18.000 Euro. Der Zinseszinseffekt ist bei einer Laufzeit von fünf Jahren noch dementsprechend gering.

Nun erhöhen wir die Ansparzeit auf 15 Jahre – ich verspreche, Sie werden einen enormen Unterschied feststellen. Die übrigen Konditionen bleiben unverändert. Das eingezahlte Kapital beträgt nun bereits 54.000 Euro, was dem dreifachen Wert der nach fünf Jahren eingezahlten 18.000 Euro entspricht. Was sich allerdings stark verändert hat, ist die Höhe der Zinsen. Der Zinseszinseffekt hat zugeschlagen und Sie erhalten aufgrund der verlängerten Zeitspanne Zinsen in Höhe von rund 32.500 Euro. Insgesamt ergibt sich ein Endkapital von rund 86.500 Euro, was mehr als viermal so hoch ist wie nach fünf Jahren Investitionszeitraum.

Um diese Simulation abzurunden, erhöhen wir den Ansparzeitraum noch einmal um weitere zehn Jahre auf nun 25 Jahre. Wenn Sie das vorherige Ergebnis noch nicht beeindruckt hat, tut es dieses sicherlich. Es wurden mehr als 200.000 Euro Endkapital erzielt und die Zinsen übersteigen bereits die Einzahlungen um 20.000 Euro. Was ich ebenfalls erstaunlich finde, ist die hohe Kaufkraft, die aufgrund der monatlichen Einzahlungen entstanden ist. Je nachdem, in welcher finanziellen Situation Sie sich befinden, halten Sie 300 Euro als monatliche Sparrate für mehr oder weniger realistisch. Fest steht allerdings, dass ein Betrag in dieser Höhe auf Grundlage der Tipps in diesem Buch durchaus umsetzbar ist, sodass die eben genannten Zahlen nicht so weit entfernt sind, wie sie möglicherweise scheinen.

Mein Tipp an Sie ist, sich nun noch etwas mehr mit dem Sparrechner auseinanderzusetzen und die Parameter zu ändern. *Welches Endkapital erwarten Sie bei einer Erhöhung der monatlichen Sparrate von 300 Euro auf 600 Euro, wenn die Frist von 25 Jahren gleich bleibt?* Eines sollte Ihnen klar sein: Es ist deutlich mehr als doppelt so viel des zuvor errechneten Betrages. Als Hinweis möchte ich noch anfügen, dass es sich hierbei ausschließlich um eine Simulation handelt. Zinsperioden von 25 Jahren werden in der Realität nur selten umgesetzt, weil die Ausdauer fehlt oder sich Lebenssituationen ändern.

Des Weiteren sind konstante Zinssätze nicht realistisch, da der Kapitalmarkt bzw. die individuelle Portfoliostruktur volatil ist, also schwankt. Es handelt sich deshalb um Durchschnittswerte, die über eine gewisse Zeitspanne zwar realistisch sind, dennoch nie exakt in der vorhergesagten Form auftreten. Es ist daher beispielsweise möglich, dass in den ersten Jahren nur eine sehr geringe Rendite erwirtschaftet wird und dafür in den darauffolgenden Jahren überdurchschnittlich viel. Dieses Szenario hätte bei einem Zeithorizont von fünf Jahren kaum Erfolg gebracht. Bitte behalten Sie diese Fakten im Gedächtnis, wenn ich innerhalb des Buches von Zinssätzen und Zeithorizonten spreche.

Nun sind Sie an der Reihe, einmal zu träumen. Auch wenn das große Kapitel zu passiven Investments und Möglichkeiten am und um den Kapitalmarkt erst noch folgt, können Sie sich hier einen Plan zum Vermögensaufbau erstellen. Beachten Sie dabei, dass die gewählten Zeithorizonte nicht zu lang sein sollten, denn zum einen ändert sich mit wachsender Erfahrung und höherem Kapital Ihre Risikoeinstellung, zum anderen sollte später eine Umschichtung Ihres Vermögens in passive Einkommensquellen erfolgen, sodass die Rendite dann abgeschöpft wird. Sie sollten daher beachten, dass die Zeitspanne für den reinen Vermögensaufbau unter Reinvestierung der Renditen nur bis zu einem gewissen Alter möglich ist, wenn Sie danach von Ihrem passiven Einkommen leben möchten.

Die Höhe der Rendite eines Portfolios am Kapitalmarkt schwankt im Allgemeinen. Je nachdem, wie risikofreudig Sie sind, sind Werte zwischen 5 und 10 % realistisch. Nutzen Sie diese vier Tabellen deshalb, um verschiedene Renditeerwartungen mit verschiedenen Zeitspannen zu matchen, und passen Sie womöglich auch Ihre monatliche Sparquote etwas an, um die gewünschten Ergebnisse zu erzielen. Die Nutzung des zuvor angeführten Sparrechners ist hierfür empfehlenswert.

Zeitraum	**Sparquote**	**Rendite**	**Endkapital**

Zeitraum	**Sparquote**	**Rendite**	**Endkapital**

Zeitraum	**Sparquote**	**Rendite**	**Endkapital**

Zeitraum	**Sparquote**	**Rendite**	**Endkapital**

So generieren Sie passives Einkommen

Dieses Kapitel widmet sich den Potenzialen des passiven Einkommens. Nach einer Definition und der Klärung der Idee hinter passivem Einkommen lernen Sie, was eine gute Investition ausmacht, welche Möglichkeiten sich Ihnen am und um den Kapitalmarkt bieten und wie diese einzuschätzen sind. Weiterhin erläutere ich Ihnen in diesem Kapitel, wie Sie Ihr Kapital richtig aufteilen, und gemeinsam nehmen wir den Kapitalmarkt unter die Lupe, indem interessante Strategien erklärt werden. Zu guter Letzt widmen wir uns Ihrem persönlichen Portfolio und ich zeige Ihnen, was ein gutes Portfolio ausmacht und worauf Sie achten müssen. Da ein tiefgreifendes Verständnis des Kapitalmarktes und der zugehörigen Investitionsmöglichkeiten unausweichlich dazu gehört, wenn finanziell intelligent gewirtschaftet werden soll, habe ich dieses Kapitel stets mit Beispielen versehen. Unumstritten ist die Organisation der eigenen Einnahmen und Ausgaben sowie das richtige Money Mindset, um finanziellen Erfolg zu haben, dennoch kann ohne korrekte Technik und ohne Verständnis über die Strukturen der Märkte keine zufriedenstellende Rendite generiert werden.

„Risiko entsteht dann, wenn Anleger nicht wissen, was sie tun."
– Warren Buffett

Dieses Zitat soll Sie durch das gesamte Kapitel begleiten, denn es drückt meiner Meinung nach exakt das aus, was ich durch meine Erfahrung am Kapitalmarkt gelernt habe. Wie Sie Risiko bestimmen, erfahren Sie innerhalb dieses Kapitels, doch zuvor müssen Sie wissen, was Sie am Kapitalmarkt tun – schließlich geht es um eine Menge Geld.

PASSIVES EINKOMMEN – WAS IST DAS?

„Mithilfe eines passiven Einkommens haben Personen die Möglichkeit, ***Geld ohne eine aktive Gegenleistung*** *in einem zeitlich festgelegten Rahmen zu verdienen. Eine betriebswirtschaftliche Definition für passives Einkommen gibt es noch nicht –*

anders als beim aktiven Einkommen kann es aber ***ohne stetigen Einsatz von Zeit und Arbeit*** *generiert werden. (...)"*

Quelle: https://www.buchhaltung-einfach-sicher.de/passives-einkommen

Um Sie an die Funktionsweise von passivem Einkommen heranzuführen, empfinde ich diese Definition als sehr passend. Kern des passiven Einkommens ist es, Geld zu verdienen – aber ohne aktive Gegenleistung, das bedeutet, ohne dass dafür Arbeit ausgeführt wird. *Erinnern Sie sich an die Unterscheidung zwischen Arbeitnehmer, Selbstständigen und einem Unternehmer?* Die ersten beiden Kategorien haben insbesondere durch ihre Fachkenntnis und dem damit verbundenen hohen Stundenlohn Geld verdient.

Beispielsweise erhält ein selbstständiger Facharzt für seine Behandlung eine Pauschale, die aufgrund seines Expertenwissens hoch ist. Führt er die Arbeit nicht aus, verdient er kein Geld und ein anderer Arzt behandelt die Patienten. Beim Unternehmer war dies etwas anders, denn dieser verdient vor allem aufgrund seiner Investition Geld. Unabhängig davon, ob er selbst arbeitet oder nicht, die Firma wirtschaftet weiter und erzeugt für den Unternehmer Gewinn. Deshalb lässt sich sagen, dass der Unternehmer *an* der Firma arbeitet und nicht *in* der Firma. Genauso verhält es sich nun beim passiven Einkommen, denn eine Gegenleistung in Form von Arbeit findet nicht statt. Die Einkommensart wird somit von der Zeit entkoppelt und Geld verdienen ist so gut wie dauerhaft möglich.

Welchen Beitrag leistet passives Einkommen zur finanziellen Intelligenz? Meiner Meinung nach ist passives Einkommen der Hauptbestandteil, wenn finanziell intelligent gehandelt werden soll und somit das eigene Leben gestaltet wird. Der Grund lässt sich aus der Definition einfach ableiten, denn nun lässt sich Geld unabhängig von Zeit und Arbeitskraft verdienen, stattdessen mithilfe von Kapital, welches im Laufe des Lebens unweigerlich erwirtschaftet werden muss. Auch deshalb ist passives Einkommen der Grundbaustein finanzieller Unabhängigkeit, welche sich unter anderem dadurch kennzeichnet, dass die eigene Zeit nicht für Arbeit, sondern für andere Dinge aufgewendet werden kann, zum Beispiel auch zum Geldausgeben. Dafür bleibt in der heutigen Gesellschaft und in Zeiten von 40 Arbeitsstunden pro Woche kaum noch Zeit – deshalb ist es unser Ziel.

Wie gelangen Sie zum passiven Einkommen? Um ein Einkommen ohne Arbeitsleistung generieren zu können, ist Kapital notwendig. Dieses Kapital muss zunächst erwirtschaftet werden, zu Beginn grundlegend aus Arbeitsleistung. Damit das erwirtschaftete Kapital für Sie arbeiten kann, muss es investiert werden – und zwar in Renditeobjekte, die möglichst viel Gewinn abwerfen, damit Ihr Kapitalstock wächst. Der Zinseszinseffekt sollte bestmöglich ausgenutzt werden, damit die Gewinne aus dem vorherigen Kapitel als Anhaltspunkt dienen können. Allein aus angespartem Kapital lässt sich allerdings noch keine monatliche Rente generieren.

Im Übrigen meine ich mit einer Rente weniger die Rente im Sinne der staatlichen Altersvorsorge, sondern eine Gewinnausschüttung auf Basis einer Investition, sodass beispielsweise Mieteinnahmen eine monatliche Rente der Investition in ein Wohnhaus darstellen. Im letzten Schritt muss der über Jahre gesparte und vergrößerte Kapitalstock so investiert werden, dass sich daraus eine monatlich auszahlbare Rendite ergibt. Die Zinssammlung ist an diesem Punkt beendet, denn nun muss das eigene Einkommen aus dem Kapitalstock finanziert werden, ohne dass sich dieser verringert.

Beispielsweise leben Sie dann von den Mieteinnahmen des Wohnhauses, während das Kapital zum Erwerb des Wohnhauses eingefroren ist, denn dieses verkaufen Sie nicht. Ein anderes Beispiel ist das Halten großer Anteile an Aktienpaketen, welche Ihren Lebensunterhalt mittels Dividenden finanzieren. Wie diese Strategien umgesetzt werden und welche weiteren Möglichkeiten Sie für passives Einkommen haben, erfahren Sie im Verlauf dieses Kapitels.

SO ERKENNEN SIE EINE GUTE INVESTITION

Am Kapitalmarkt geht es vor allem um eines: Investieren, um Gewinne zu erzielen. Dabei kann eine Investition im täglichen Sprachgebrauch so einiges bedeuten. Zum Beispiel lässt sich Zeit in Arbeit investieren, um Geld zu verdienen. Oder aber Sie investieren Zeit in ein Hobby, mit dem Ziel, dass es Spaß macht oder Sie glücklich sind. Sie bemerken, dass es bei Investitionen vor allem um Zeit und Geld geht. Bei Finanzinvestitionen wird eines in das andere umgetauscht, ganz nach dem Motto: Zeit ist Geld. Verleihen Sie beispielsweise Ihr Geld an jemanden, der Ihnen dafür Zinsen zahlt, erzielen sowohl Sie einen Gewinn (in Form der Zinsen), aber auch Ihr Geschäftspartner, denn dieser erzielte Gewinn aus der Investition, die er mithilfe Ihres Geldes finanziert hat.

Das ist der Grund, weshalb eine Menge an Kapital bares Geld wert ist – und zwar in größerem Umfang, als auf dem Schein steht. In diesem Abschnitt möchte ich Ihnen unter Bezugnahme zum Kapitalmarkt erklären, was eine gute Investition ausmacht. *Worauf müssen Sie achten, wenn Sie Geld investieren? Was sind Anhaltspunkte, über die Sie sich vor dem Investment informieren sollten?*

Jede Investition besteht grundsätzlich aus drei Säulen:

Säule 1: Liquidität

Investitionen unterscheiden sich zum einen anhand der Liquidität. Die Liquidität eines Unternehmens beispielsweise drückt die Zahlungsfähigkeit des Unternehmens aus. Hat eine Firma eine hohe Liquidität, so kann sie die aufgenommenen Schulden problemlos begleichen, weil hohe Umsätze bzw. Gewinne mit dem geliehenen Geld generiert worden sind. Darum handelt es sich in dieser Säule allerdings nur bedingt, denn die Liquidität einer Investition beschreibt die Dauer des Zahlungsrückflusses. Es handelt sich demnach um die Länge der Zinsperiode.

Grundsätzlich gilt: je länger die Zinsperiode, desto geringer die Liquidität. Die zugrunde liegende Rechnung ist einfach, denn sobald die Investition Gewinne abwirft, können diese reinvestiert werden, um den Zinseszinseffekt auszunutzen. Wird die Rendite jedoch erst nach beispielsweise drei Jahren abgeworfen, statt wie üblich nach einem Jahr, verpassen Sie zwei Perioden, in denen Sie den Zinseszinseffekt hätten nutzen können. So ergibt sich, dass Investitionen, die lange still stehen und erst nach einer gewissen Zeit Gewinne generieren, eine geringe Liquidität aufweisen.

Säule 2: Risiko

Die umfangreichste Säule dieses Erklärungsansatzes stellt das Risiko dar. Beginnen wir mit dem sogenannten Liquiditätsrisiko, welches auch Volatilitätsrisiko genannt wird. Volatilität beschreibt die Schwankung eines Preises am Kapitalmarkt. Entscheidend für das Liquiditätsrisiko ist, ob sich dauerhaft auf das investierte Kapital zugreifen lässt oder nicht.

Grundsätzlich gibt es dabei drei unterschiedliche Formen. Zum einen führt jede Person ein Girokonto, auf das problemlos und zu jeder Zeit zugegriffen werden kann. Der Zugriffszeitpunkt hat keinen Einfluss auf die Höhe des vorhandenen Geldes, wenn zum Beispiel mehrere Jahre eine Notreserve gehalten wird.

Weiterhin gibt es sogenannte Festgeldkonten, auf die Sie als Vertragspartner keinen Zugriff während der Laufzeit haben. Die Bank garantiert sich so Sicherheit über das eingezahlte Kapital. Die dritte Form ist der volatile Zugriff, sodass auf das investierte Kapital zwar jederzeit zugegriffen werden kann, die Höhe des vorhandenen Kapitals allerdings nicht gesichert ist. Dieser Fall trifft beispielsweise auf Aktienmärkte zu. Wenn Sie Ihre Aktien verkaufen wollen oder wegen Liquiditätsproblemen verkaufen müssen, sind Sie auf den aktuellen Kurs der Aktie angewiesen. Es ist dann prinzipiell möglich, dass sich die Höhe der in Ihrem Besitz befindlichen Werte innerhalb weniger Tage enorm ändern, was das Volatilitätsrisiko darstellt.

Ein hohes **Volatilitätsrisiko** ist gegeben, wenn der Kurs der Aktienwerte bzw. ähnlicher Produkte am Kapitalmarkt stark schwankt. Prinzipiell können Sie Ihre Anteile dann jederzeit verkaufen, allerdings besteht die Gefahr, dass die Preise gerade sehr niedrig sind. Eine geringe Volatilität kennzeichnet sich dadurch, dass die Kurse kaum schwanken und verhältnismäßig stabil sind. Das ist vor allem bei Werten mit geringem Potenzial der Fall, beispielsweise bei Aktien von Marktführern (sogenannte Blue-Chip-Unternehmen) oder Unternehmen, die mit Artikeln des täglichen Gebrauchs handeln, sodass ein Nachfrageeinsturz unwahrscheinlich ist.

Neben Preisschwankungen existiert allerdings noch eine weitere Form des Risikos, die bei Investitionen jeder Art mitschwingt: das Ausfallrisiko. Besteht die Möglichkeit, dass das investierte Geld fast vollkommen an Wert verliert, weil die entsprechenden Aktienkurse gefallen sind, nennt man dies Ausfallrisiko. Zu unterscheiden ist dabei zwischen dem Marktrisiko und dem unternehmensspezifischen Risiko.

Das **Marktrisiko** beschreibt das Risiko eines Börsencrashs, beispielsweise aufgrund einer Krise. Betrachtet man den historischen Einsturz der Aktienkurse im Frühjahr 2020 in Folge der Corona-Krise, gab es so gut wie keine Möglichkeit, seine Werte vor diesem kurzfristigen Verfall zu schützen. Egal, welche Branche oder welches Unternehmen: betroffen waren alle Aktien. Dieses geringe Risiko schwingt stets mit, birgt aber abseits der kurzfristigen Liquiditätseinschränkung keine weiteren Risiken, denn Aktienkurse erholen sich nach einem Börsencrash immer.

Das entscheidendere Ausfallrisiko wird durch das **unternehmensspezifische Risiko** abgebildet. Diese Risikoform betrifft nicht den gesamten Markt, sondern lediglich einzelne Unternehmen. Aufgrund unerwartet schlechter Verkaufszahlen, Fehler in der Planung oder weiteren unternehmensinternen Problemen kann es dazu kommen, dass der Aktienkurs eines Unternehmens innerhalb kürzester Zeit stark fällt.

Dieser Verlust betrifft dann jedoch nur die eine Aktie, während andere Aktien konstant bleiben und Gewinne erwirtschaften. Aufgrund der Seltenheit dieses Ausfallrisikos lässt sich dem unternehmensspezifischen Risiko mithilfe von Diversifikation, also Risikostreuung, sehr einfach entgegenwirken. Der Trick ist, nicht in einzelne Aktien allein, sondern stets in eine Fülle an Werten zu investieren, um so das unternehmensspezifische Risiko faktisch zu eliminieren. Fällt ein Aktienkurs, wird der Verlust durch den Gewinn vieler anderer Aktienkurse ausgeglichen. Welche Finanzprodukte Ihnen dafür zur Verfügung stehen und weshalb Diversifikation für ein passives Einkommen notwendig ist, erkläre ich Ihnen in den folgenden Abschnitten dieses Kapitels, doch nun zunächst zur dritten und abschließenden Säule.

Säule 3: Rentabilität

Die letzte Säule rundet den Erklärungsansatz einer guten Investition ab und erklärt Ihnen, wie diese drei Faktoren zusammengehören. **Die Rentabilität beschreibt die Rendite eines Investitionsobjektes, welches je nach Produkt aus Zinsen, Kurssteigerungen, Dividenden oder Mieteinnahmen bestehen kann.** Dabei fasst die Rendite stets alle Formen des Kapitalrückflusses zusammen. Bisher ließ sich anhand der vorgestellten Faktoren noch nicht abschließend sagen, was *gut* und was *schlecht* für die Investition ist. Dafür werden nun die Faktoren Liquidität, Risiko und Rentabilität in einem Dreieck angeordnet. Stellen Sie sich nun eine Investition vor, zum Beispiel eine Einzahlung auf ein Festgeldkonto, auf das Sie erst nach einigen Jahren zugreifen können. Die Liquidität ist dabei sehr eingeschränkt, dafür allerdings geht das Risiko gegen null, denn das Geld unterliegt keinem Ausfallrisiko und auch keinen Schwankungen. *Wie muss nun die Rentabilität aussehen?*

Eine gute Investition zeichnet sich dadurch aus, dass die Rentabilität ausgewogen im Vergleich zu den anderen beiden Faktoren ist. Wünschenswert wäre eine überhöhte Liquidität, diese ist auf dem Markt allerdings nicht zu finden. Aufgrund der Marktmechanismen würde ein solches Angebot von jedem Marktteilnehmer wahrgenommen werden, sodass es nach kurzer Zeit wieder vom Markt verschwindet, denn der Anbieter generiert Verluste bzw. handelt nicht gewinnmaximierend.

Deshalb zeichnen sich gute Investitionen bereits durch Ausgewogenheit der drei Faktoren aus, wobei die Rentabilität die beiden ersten Säulen auffängt. Schwache Liquidität im Zusammenspiel mit Risikofreiheit führt zu durchschnittlicher Rendite. Nun ist zu prüfen, ob das im Beispiel genannte Festgeldkonto die erwartete durchschnittliche Rendite anbietet, was im nächsten Abschnitt dieses Buches thematisiert wird. Weiterhin führen schwache Liquidität und hohes Risiko zu hoher Rendite, gute Liquidität und hohes Risiko zu durchschnittlicher Rendite sowie gute Liquidität und geringes Risiko bzw. Risikofreiheit zu geringer Rendite. Überlegen Sie einmal selbst, wie die entsprechenden Säulen bei verschiedenen Investitionsarten zusammenpassen. Die Auflösung gibt es im nächsten Abschnitt.

VERMÖGENSAUFBAU: DIESE INVESTITIONSMÖGLICHKEITEN HABEN SIE

In diesem Abschnitt stelle ich Ihnen Investitionsmöglichkeiten vor, die Sie auf dem Weg in Richtung passives Einkommen nutzen können. Der Fokus liegt dabei zunächst auf dem Kapitalmarkt, ehe im nächsten Abschnitt näher auf Immobilien und im weiteren Verlauf dieses Buches auch noch auf zusätzliche Ideen eingegangen wird, die ein passives Einkommen erzielen können.

Der Kapitalmarkt bietet neben dem ausgereiften Business-Plan des passiven Einkommens nämlich ebenfalls die Möglichkeit an, das eigene Geld zunächst zu vermehren, bevor hohe Erträge aus Immobilien oder Dividenden erwirtschaftet werden können. Insbesondere in den jungen Jahren Ihres Lebens ist es daher notwendig, möglichst viel Geld aktiv zu erwirtschaften, sei es durch Ihr Primäreinkommen oder kluge Investitionen am Kapitalmarkt. Den Kaufpreis einer Immobilie oder sogar eines Unternehmens bzw. ausreichend Grundkapital zu stemmen ist zu Beginn so gut wie unmöglich, sodass sich in diesem Abschnitt insbesondere auf die Vergrößerung des Kapitalstocks konzentriert wird: der Vermögenszuwachs.

Girokonto, Sparbuch und Festgeldkonto

Als Girokonto bezeichnet man das Konto, mit dem Sie tägliche Ausgaben erledigen und auf welches Ihr Lohn bzw. Gehalt überwiesen wird. Es kennzeichnet sich durch viel Bewegung in Form von regelmäßigen Einnahmen und Ausgaben. Heutzutage erhält man bei Banken keine Zinsen mehr auf das Geld, das sich auf dem Girokonto befindet, im Gegenteil: In der Regel fallen Kontoführungsgebühren an, die monatlich bis zu zehn Euro für herkömmliche Modelle betragen können.

Faktisch entsteht somit ein Minus für Sie, sollten Sie auf diesem Konto Geld zurücklegen. Die Anwendung der zuvor erläuterten drei Säulen fällt dabei denkbar leicht, denn die Liquidität ist vollständig vorhanden (Sie können jederzeit auf die volle Summe des Kapitals zugreifen) und es besteht kein Risiko, da Ihre Einlagen bei der Bank bis zu 100.000 Euro gesetzlich geschützt sind. Für die Rendite ergibt sich somit ein Wert gegen null bzw. ein negativer Wert aufgrund etwaiger Gebühren.

Sparbücher und Festgeldkonten werden heutzutage kaum noch von Banken angeboten. Grund hierfür ist zum einen die Null-Zins-Politik der Europäischen Zentralbank (EZB) seit einigen Jahren, die die Wirtschaft aufgrund des günstigen Geldes ankurbeln soll. Dadurch werden für Firmen zahlreiche Investitionen ermöglicht und auch die Risikobereitschaft der Anleger steigt, damit mit dem eigenen Geld überhaupt Rendite erzielt werden kann.

Andererseits sind Sparbücher enorm umständlich, da sie tatsächlich auf der Form des Buches aufbauen und somit nur Geld abgehoben oder überwiesen werden kann, wenn das Büchlein vorgezeigt wird. Damals waren die Zinsen beispielsweise in wachsenden Modellen, wo Treue durch höhere Zinsen belohnt wurde, ansprechend hoch bei bis zu 10 %, was heutzutage einen absurden Wert für die risikolose Investition darstellt. Auch Festgeldkonten warben mit hohen Zinsen als Ausgleich dafür, dass die Liquidität über mehrere Jahre eingeschränkt wurde. Bedenkt man den Fakt, dass diese Modelle risikolos und ohne jegliche Volatilität angeboten werden konnten, sollte man schnell zuschlagen, wenn sich eine solche Investitionsmöglichkeit in der nächsten Zeit noch einmal ergibt. Heutzutage gibt es auf Sparbücher und Festgeldkonten unter einem Prozent Zinsen, wenn alte Konten noch bestehen. Der Abschluss eines neuen Sparbuchs verspricht Zinsen, die nicht einmal einen Bruchteil der Inflationsrate ausgleichen können.

Anleihen

Anleihen spielen heutzutage eine nur noch sehr geringe Rolle, wenn es darum geht, Geld am Kapitalmarkt anzulegen. Warum ist das so? Grundsätzlich gibt es zwei Arten von Anleihen: **Kuponanleihen und Nullkuponanleihen.**

Der Käufer einer Kuponanleihe erhält über die Laufzeit jährlich Zinsen aus dieser Anleihe als Entschädigung dafür, dass der Käufer keinen Zugriff auf das investierte Kapital hat. Der Herausgeber der Anleihe hat somit Fremdkapital erworben und zahlt deshalb den jährlichen Kupon. Am Ende der Laufzeit kann die Anleihe für ihren Nennwert wieder an den Herausgeber verkauft werden.

Bei Nullkuponanleihen hingegen erhält der Käufer keine Entschädigung in Form von Zinsen für sein geliehenes Kapital vom Herausgeber. Zum Nennwert kann der Käufer die Anleihe dennoch wieder zum Ende der Laufzeit verkaufen. Gewinn erwirtschaftet dieser dann dadurch, dass die Anleihe unter pari gehandelt wurde, also zu einem Preis unter Nennwert. So generiert der Käufer einen Gewinn dadurch, dass er sie am Ende der Laufzeit zum Nennwert verkauft. Das ist häufig bei Nullkuponanleihen der Fall. Kuponanleihen hingegen werden teils unter pari gehandelt, sodass zusätzlich zu den Kuponzahlungen ein Gewinn aus dem Verkauf der Anleihe zu Nennwert entsteht, teils werden sie auch häufig über pari gehandelt. Dann gleicht sich der Verlust aus dem Verkauf zum Nennwert (da ein höherer Preis gezahlt wurde) mit den Kuponzahlungen über die Laufzeit hinweg aus – der Gewinn wird geschmälert oder sogar negativ.

Heutzutage werden nur noch selten Unternehmensanleihen gehandelt und wenn, versprechen sie kaum Gewinne. Das liegt am geringen Risiko, denn selbst wenn das Unternehmen Insolvenz anmelden muss, also zahlungsunfähig wird, wird das verbliebene Kapital zunächst an die Fremdkapitalgeber, also unter anderem an die Besitzer von Anleihen, ausgezahlt. Entscheidend ist außerdem das Rating der Anleihe, welches von verschiedenen unabhängigen Ratingagenturen vorgenommen wird. Diese schätzen die Wahrscheinlichkeit des Zahlungsausfalles ein – je niedriger diese Wahrscheinlichkeit, desto höher das Rating und umso sicherer die Anleihe.

Des Weiteren existieren zahlreiche Staatsanleihen. Am Beispiel von Deutschland werden diese zu großen Summen herausgegeben, wobei der gesamte Cashflow über die Laufzeit zumeist negativ ist, sodass es sich häufig um eine Nullkuponanleihe handelt, die über pari gehandelt wird. Das liegt daran, dass sie als so gut wie risikolos gilt und eine enorme Laufzeit von zehn bis teilweise 20 Jahren aufweist. So gelingt es insbesondere wohlhabenden Anlegern, das eigene Vermögen sicher zu verwahren, indem es dem Staat Deutschland geliehen wird. Die Inflation kann abgefedert werden und der Reichtum bleibt erhalten. Es handelt sich somit um eine sicherere Alternative als beispielsweise die Verwahrung in bar oder auf dem Girokonto.

Aktien

Ein Großteil des Kapitalmarktes baut auf Aktien auf. Ich möchte erklären, was Aktien sind und wie Sie diese Geldanlageform für sich nutzen können.

Zu Beginn steht ein Unternehmen, welches Kapital für Investitionen braucht. Es benötigt zum Beispiel neue Maschinen zur effizienteren Herstellung der

Produkte oder weitere Mitarbeiter zur Umsetzung der Expansion. Mit dem Kapital soll Gewinn generiert werden, doch woher nimmt die Firma das notwendige Geld? Dafür gibt es grundsätzlich zwei Möglichkeiten.

Zum einen kann sie sich das Geld in Form von Fremdkapital leihen. Das geht bei Banken oder privaten Kreditgebern. Als Kosten fallen dann typischerweise Zinsen an, die das Unternehmen neben der Tilgung der Schulden an den Kreditgeber zahlt. Gezahlt werden diese Schulden aus dem Eigenkapital heraus, welche die zweite Form der Geldbeschaffung darstellt. Mittels Aktien lassen sich nämlich Firmenanteile verkaufen, die dem Käufer einen prozentualen Anteil in Höhe des Nennwerts der Aktie am Unternehmen verspricht. Der Käufer kann die Aktien am Kapitalmarkt zum Aktienkurs kaufen, der bei einem gesunden Unternehmen deutlich höher als der Nennwert der Aktie liegt. Das liegt daran, dass der Nennwert nur den erworbenen Anteil am Unternehmen widerspiegelt, während der Aktienkurs der gehandelte Preis an der Börse ist, der zukünftig für Gewinne sorgen soll.

Die Vorteile, die der Aktionär aus dem Kauf einer Aktie erzielen kann, erkläre ich im Folgenden. Zunächst hofft der Aktionär auf eine Erhöhung des Aktienkurses an der Börse, was bei einer erfolgreichen Unternehmung nach und nach passiert, da die Nachfrage nach der Aktie dieser Firma steigt. Weiterhin erhält der Aktionär Dividenden als jährlichen Gewinnanteil am Unternehmen. Mithilfe eines auf der Hauptversammlung der Aktiengesellschaft beschlossenen Schlüssels erhält der Aktionär Gewinnanteile in prozentualer Höhe des Nennwertes der Aktie.

Schüttet die Firma den Gewinn nicht aus, sondern thesauriert ihn in der Unternehmung und finanziert dadurch weitere Investitionen, die Gewinne abwerfen, so steigt der Aktienkurs durch die dadurch erzielten Gewinne. Sie merken, es ist nicht entscheidend, wie die Firma den Gewinn nutzt (ausschüttend oder reinvestierend), Sie als Aktionär profitieren von beiden Modellen, solange die Aktiengesellschaft Gewinne erwirtschaftet. Die Säulen einer guten Investition sind nun stark davon abhängig, zu welchem Unternehmen die Aktie gehört und wie dessen Marktstellung ist.

Handelt es sich um ein etabliertes, großes Unternehmen, welches bereits viele Jahre erfolgreich am Markt wirtschaftet und Größenvorteile nutzen kann, gilt die Aktie als relativ sicher und wirft deshalb wenig erwartete Rendite ab. Im Gegensatz dazu stehen kleine Start-up-Unternehmen, welche mithilfe des Börsengangs risikofreudige Investoren suchen, die auf die Geschäftsidee des Start-ups vertrauen und investieren. Das Ausfallrisiko ist entsprechend hoch, dafür sind mögliche Renditen nach oben unbegrenzt.

Aktien bilden am Kapitalmarkt allerdings häufig nur das Grundgerüst für die meisten Finanzprodukte. Das liegt daran, dass das Halten einer einzelnen Aktie mit einem hohen unternehmensspezifischen Risiko verbunden ist, welches durch Diversifikation sehr einfach reduziert werden kann. Dies ist der Grund, weshalb Investoren vor allem in Produkte wie Aktienfonds, ETFs auf Grundlage von Aktienindizes oder Derivate investieren. Diese und viele weitere Möglichkeiten des Kapitalmarktes stelle ich Ihnen nun vor.

Aktienindizes

Ein Aktienindex fasst mehrere Aktienkurse in einem Kurs zusammen. Dabei übernimmt der Index die Aufgabe, eine Region oder Branche je nach Unternehmensgröße abzubilden und somit einen Vergleichswert für die aktuelle Wirtschaftsleistung darzustellen. Beispielsweise bildet der Deutsche Aktienindex, DAX 40, die 40 größten börsennotierten Unternehmen Deutschlands ab, orientiert sich dabei allerdings nicht an Branchen. Auch deshalb gilt dieser branchenübergreifende Index unumstritten als Leitindex der deutschen Wirtschaft, sodass sowohl Boom- als auch Konjunkturphasen sehr einfach erkannt werden können.

Für Aktionäre einzelner Aktien ist der Leitindex deshalb entscheidend, weil er aufgrund der Breite so gut wie jede Branche Deutschlands abdeckt und somit als eine Art Fernrohr in die Zukunft genutzt werden kann. Stürzt der DAX 40 ab, wird es auch Ihrer Aktie – die nicht im DAX 40 vertreten sein muss – möglicherweise bald an den Kragen gehen. Nicht zuletzt liegt das dann auch an der allgemeinen Stimmung am Aktienmarkt, die ebenfalls auf Ihre Aktie Bezug nimmt. Sind die Anleger in Verkaufslaune und schlägt sich das im DAX 40 wieder, wird auch der relevante Markt Ihrer Aktie nicht daran vorbeikommen.

Man unterscheidet grundsätzlich zwischen Kurs- und Performanceindizes. **Kursindizes** beinhalten ausschließlich die Kursentwicklungen der einzelnen Aktien, werden also um Dividenden- und Zinszahlungen bereinigt. So erhält der Anleger eine bloße Übersicht über die Kursentwicklungen, ohne dass Dividendenzahlungen die Übersicht beeinflussen. **Performanceindizes** hingegen reinvestieren die ausgeschütteten Dividenden rechnerisch wieder in den Index, sodass Abweichungen vom Kursindex entstehen. Welche Variante für Sie die Wirklichkeit besser abbildet, hängt ganz davon ab, an welchen Werten Sie gerade interessiert sind und welche Information Sie dafür benötigen. Behalten Sie jedoch im Hinterkopf, zunächst einmal nachzuschauen, ob es sich um einen Kurs- oder Performanceindex handelt. In den folgenden Beispielen beziehe ich mich stets auf die Performanceindizes, da sie den tatsächlichen Erfolg einer langfristigen Anlage präziser als Kursindizes beschreiben.

Aktienindizes lassen sich heutzutage mittels ETFs kostengünstig besparen. ETF steht für Exchange Traded Fund, was so viel wie börsengehandelter Fonds bedeutet. Dieser bildet die Entwicklung eines Aktienindexes physisch oder synthetisch nach, sodass zum Teil echte Werte gekauft werden und bei synthetisch replizierenden ETFs die Indexrendite mit Tauschgeschäften simuliert wird. Wichtig ist für Sie: Mithilfe von ETFs können Sie sehr einfach und vor allem günstig am Kapitalmarkt in Aktien investieren, die bereits breit gestreut sind – für ausreichend Diversifikation, um dem unternehmensspezifischen Risiko vorzubeugen, ist also gesorgt. Damit Sie einen Überblick erhalten, welche Aktienindizes es gibt und worauf sich einige spezialisiert haben, habe ich Ihnen nun eine Übersicht über die weltweit wichtigsten Aktienindizes zusammengetragen. Dabei empfehle ich, den Index einmal selbst im Internet zu suchen und somit nachvollziehen zu können, welche Performance in den letzten Jahren gezeigt wurde. Das ist bereits der erste Schritt in Richtung der Analyse historischer Aktienkurse, welche unausweichlich zum Investieren am Kapitalmarkt dazugehört. Alle Aktienindizes inklusive Charts erhalten Sie unter anderem auf dieser Seite: *https://www.finanzen.net/*

Deutscher Markt

Der DAX 40 bildet die Spitze des Eisberges der DAX-Familie. Im DAX 40 befinden sich die 40 größten deutschen börsennotierten Unternehmen, sortiert nach Marktkapitalisierung. Vor allem vertreten sind die großen Player der deutschen Wirtschaft, also Auto-, Pharma- und Immobilienkonzerne, von welchen Sie vermutlich schon einmal gehört haben. An den DAX schließt sich der M- bzw. der S-DAX an. Im M-DAX befinden sich die – bezüglich der Größe – sich an den DAX anschließenden 50 Unternehmen, geordnet nach Marktkapitalisierung. Der S-DAX wiederum knüpft an den M-DAX mit weiteren 70 Unternehmen an.

Interessant hierbei ist vor allem eines: Die grundsätzliche Richtung der Aktienkurse (Trends) ist bei allen drei Indizes nahezu identisch. Ein Unterschied ist allerdings hinsichtlich der Volatilität ersichtlich, denn kleinere Unternehmen (z. B. im S-DAX) zeichnen sich dadurch aus, größeren Schwankungen zu unterliegen als größere Unternehmen (z. B. im DAX 40). Historisch gesehen lässt sich dies auch anhand der Renditen begründen, die die Indizes in den letzten Jahren generiert haben.

Ausgehend von Oktober 2021 erzielte der DAX in den vergangenen drei Jahren mehr als 38 % Rendite. Der M-DAX befindet sich im selben Zeitraum bei einer Rendite von 47 % und der S-DAX schließt sich mit einer Rendite von 47,6 % an. Als weiterem bekanntem Vertreter werden Sie auf dem deutschen Aktienmarkt ebenfalls dem TecDAX über den Weg laufen, welcher die 30 größten Technologiewerte Deutschlands beherbergt, wieder einmal sortiert nach Marktkapitalisierung. Technologieorientierte Aktien zeichneten sich in den vergangenen Jahren vor allem dadurch aus, dass sie einer hohen Volatilität unterlagen und deshalb großes Potenzial aufwiesen.

Auf den im zuvor betrachteten Beispiel-Zeitraum von drei Jahren trifft dies allerdings nur bedingt zu, denn der TecDAX konnte sich gegen M- und S-DAX nicht durchsetzen. Er hätte eine Rendite von 43,7 % erzielt. Bekannte Aktien, die der TecDAX abbildet, sind unter anderem 1&1, SAP und die Telekom.

US-amerikanischer Markt

Den Leitindex des US-amerikanischen Marktes, also das Pendant zum DAX, stellt der S&P 500 dar. Darin gelistet werden die 500 größten US-amerikanischen Unternehmen, sortiert nach Marktkapitalisierung. Ein sehr interessanter Index also, denn die größte Volkswirtschaft der Welt sollte jeder Investor auf dem Schirm haben, egal, ob zur Orientierung oder um direkt vom Wachstum zu profitieren. In den vergangenen drei Jahren legte der S&P 500 ganze 74,4 % zu – kein Vergleich zur Entwicklung des DAX 40.

Neben dem S&P 500 spielen in den USA allerdings auch die Indizes der Dow-Jones-Familie eine wichtige Rolle. Der Dow Jones Composite Average Index umfasst alle drei relevanten Indizes der Familie: Dow Jones Industrial Average (die 30 größten börsennotierten US-Unternehmen außer Transport und Versorgung), Dow Jones Transportation Average (die 20 größten börsennotierten US-Transportunternehmen) und den Dow Jones Utility Average (die 15 größten US-Versorgerunternehmen). Auffällig ist, dass die Aktien dieser Index-Familie nicht wie die meisten anderen Indizes nach Marktkapitalisierung sortiert werden, sondern anhand des Preises. Mithilfe von Aktiensplits und Aktienzusammenführungen lässt sich die Sortierung dieses Indizes deshalb unternehmenspolitisch beeinflussen. Mit 46,8 % Rendite schneidet der Dow Jones Composite Average in den vergangenen drei

Jahren vergleichsweise schlecht ab, allerdings handelt es sich hierbei auch um einen reinen Kursindex.

Der dritte weltweit bekannte Index des US-amerikanischen Marktes agiert branchenspezifisch und bildet Unternehmen der Technologiebranche ab. Benannt nach der New Yorker Börse Nasdaq beinhaltet der NASDAQ 100 die 100 größten an dieser Börse gehandelten Unternehmen (geordnet nach Marktkapitalisierung), welche vorwiegend aus der Technologiebranche stammen. Aktien von Finanzunternehmen werden hierbei ausgeschlossen.

Dieser Index ist deshalb so interessant für Anleger, weil er in den vergangenen Jahren stets mit hoher Rendite glänzte und sich somit in die Liste der drei wichtigsten Indizes der USA eingetragen hat. Nicht nur die Entwicklung von 136,1 % in den vergangenen drei Jahren ist bemerkenswert, sondern auch die Zeitspanne zuvor. Innerhalb von fünf Jahren legte der Index 230,1 % zu, seit seinem Start im Jahr 1999 sprechen wir von astronomischen 786,8 %, wobei der große Aufstieg erst ab dem Jahr 2008 begann.

Europäischer Markt

Europa beherbergt eine Vielzahl an Industrienationen, die ähnlich wie Deutschland solides Wirtschaftswachstum erleben und somit ansprechende Indizes für Anleger aus der ganzen Welt bieten. Besonders hervorzuheben ist dabei der FTSE 100 als Leitindex Großbritanniens, welcher seit dem Brexit allerdings kaum Renditen generieren konnte. Gerade einmal 3 % Rendite schlagen innerhalb der vergangenen drei Jahre zu Buche, innerhalb von fünf Jahren sind es gerade einmal 4,1 %. Das ist vor allem deshalb interessant, weil die London Stock Exchange (LSE) die größte Börse Europas und Herausgeber dieses Indizes ist, der sich somit auf die an dieser Börse gehandelten Werte konzentriert.

Weitere europäische Leitindizes sind der SMI (Schweizer Leitindex; 38,2 % innerhalb der vergangenen drei Jahre), der CAC 40 (Französischer Leitindex; 36,9 % innerhalb der vergangenen drei Jahre) und der Euro Stoxx 50 (Europäischer Leitindex; 35,5 % innerhalb der vergangenen drei Jahre), der die 50 größten Aktiengesellschaften der Eurozone abbildet. Somit nehmen unter anderem deutsche Firmen einen entscheidenden Einfluss auf die Performance dieses Indizes.

Weltweiter Markt

Bevor wir uns weltweit gestreute Indizes näher anschauen, möchte ich Sie zunächst auf den japanischen Markt aufmerksam machen, welcher vor allem durch den

Nikkei 225 Index bekannt geworden ist, der den japanischen Leitindex darstellt. In den vergangenen drei Jahren wurde zwar vergleichsweise wenig Rendite erzielt (36,6 %), allerdings bleibt die Entwicklung für die Zukunft stets spannend, wenn man die zukünftige Wirtschaftskraft Japans bedenkt.

Unter den weltweit gestreuten Indizes sind vor allem zwei bekannt, die jeder Anleger kennen sollte und von den meisten Experten empfohlen werden, wenn der Fokus auf ETFs gelegt wird. Es handelt sich um die MSCI-Familie, insbesondere um den MSCI World Index, welcher über 1600 große Unternehmen aus den wichtigsten Industrienationen weltweit abbildet. Gehandelt werden so vor allem Blue-Chip-Aktien aus Ländern, die wirtschaftliche Stabilität aufweisen. Entsprechend ist das Volatilitätsrisiko des Indizes gering. Insgesamt lässt sich mithilfe des MSCI World Index die weltweite Marktrendite erzielen, die in den vergangenen drei Jahren sehr ansprechend war: 60,7 % stehen zu Buche.

Ähnlich wie der MSCI World Index bildet auch der MSCI Emerging Markets Index eine Fülle an großen Unternehmen ab (850 Stück), allerdings konzentriert sich dieser auf Schwellenländer. Unter anderem vertreten sind Südafrika, die Türkei, Argentinien, Brasilien, Indien, Thailand und viele mehr. Die Rendite der vergangenen drei Jahre betrug lediglich 35,3 %, was im Vergleich zum MSCI World Index nicht überzeugend ist. Das liegt vor allem daran, dass dieser Index deutlich volatiler ist und sich über längere Zeiträume häufig an die Entwicklung des MSCI World anpasst. Das bedeutet, dass Trends zunächst in Industrienationen erfasst werden, bevor Schwellenländer nachziehen. Das Potenzial, aber somit auch das Risiko ist beim MSCI Emerging Markets Index deutlich erhöht im Vergleich zu seinem Bruderindex.

Aktienfonds

Langfristige Anleger, die nach breiter Streuung und somit überschaubarem Risiko am Aktienmarkt suchen, kommen heutzutage so gut wie nicht mehr an der Entscheidung zwischen Aktienfonds und ETFs vorbei. Die im Abschnitt zuvor besprochenen ETFs bauen meist auf Aktienindizes auf und verursachen durch einfache Verwaltungsstrukturen kaum Kosten beim Anleger. Computerprogramme bilden passiv den Aktienindex nach und kaufen bei physischer Replikation automatisch entsprechende Anteile. So erwirtschaftet der Anleger die Marktrendite des entsprechenden Marktes, auf den sich der Index konzentriert.

Die Funktionsweise von Aktienfonds unterscheidet sich jedoch von derer der ETFs an einer Stelle entscheidend. Zwar investiert der Anleger auch hier in verschiedene Aktien gleichzeitig und erhält somit je nach Spezialisierung des Fonds eine breite Streuung, jedoch wird der Aktienfonds nicht automatisch verwaltet. Im Hintergrund agiert ein Fondsmanager inklusive Team, der anhand seines Expertenwissens Aktienanteile für den Fonds kauft und wieder verkauft, wenn die Zeit gekommen ist. Dafür wird der Markt gründlich untersucht und neben Aktienkennzahlen und Einflussfaktoren auf Aktien wird ebenfalls beachtet, dass die von den Anlegern gewünschte Risikoklasse eingehalten wird. Der Fondsmanager ist somit Experte für den betreffenden Markt und verfolgt mit dem Betreiben des Aktienfonds ein Ziel: Den Markt schlagen. Der Markt wird dabei durch den jeweiligen Leitindex determiniert, der automatisch Gewinne oder Verluste erzeugt.

Nehmen wir beispielsweise an, der Fonds konzentriert sich auf deutsche Technologiewerte, sodass vor allem durch den Handel mit Aktien dieser Branche Gewinne erwirtschaftet werden sollen. Als Leitindex und somit Konkurrent steht dem Fondsmanager dann der TecDAX gegenüber, der die erfolgreichsten Unternehmen automatisch in den Index aufnimmt. Ein Überbieten der Rendite des Indexes ist dann nur möglich, wenn zu günstigen Preisen gekauft und bei Kurshochs verkauft wird. Gelingt dem Fondsmanager dieser Spagat zwischen den Preisen, schlägt er den Markt.

Das Problem: Der Erfolg des Fonds ist nicht gesichert. Als Gegenleistung dafür, dass der Fondsmanager mit aller Kraft versucht, das Beste aus dem Markt herauszuholen, zahlt der Anleger eine Gebühr auf die monatlich eingezahlten Beträge sowie eine jährliche Pauschale. Zusammengefasst ergibt sich so bei günstigen Aktienfonds in etwa eine Gebühr von 5 % des jährlich eingezahlten Betrages. Die Fondsrendite muss diese Gebühr, die bei ETFs nicht anfällt, herausarbeiten, indem der Markt geschlagen wird. In der Realität ist es in den meisten Fällen so, dass der Aktienfonds den entsprechenden Leitindex schlagen kann, wenn auch nur knapp. Dann wiegen die zusätzlichen Gewinne die angefallenen Gebühren meist auf und es entsteht mal ein knapper Gewinn, mal ein knapper Verlust im Vergleich zur kostengünstigeren Investition in einen ETF. Die Entscheidung, ob in ETFs oder Aktienfonds investiert wird, ist daher häufig nicht entscheidend, wenn bereits die Frage geklärt wurde, dass man sich für ein breit gestreutes Aktienprodukt entscheidet. Auf langfristiger Basis und in Bezug auf das Ausnutzen des Zinseszinseffekts, um in erster Linie Kapital für passive Einkünfte anzuhäufen, sollte eine der beiden Alternativen (Aktienfonds oder ETFs) in keinem Portfolio fehlen.

Derivate

In diesem Abschnitt begeben wir uns in die Welt der derivativen Finanzprodukte. **Ein Derivat ist ein Finanzinstrument, welches sich stets auf einen Basiswert – wie zum Beispiel eine Aktie – bezieht, ohne den realen Wert zu erwerben.** Es werden Verträge über die Kursentwicklung des Basiswertes geschlossen und je nach Performance des Kurses gibt es einen Gewinner und einen Verlierer. Mithilfe von Derivaten wird es Anlegern ermöglicht, auch auf sinkende Kurse zu wetten, statt stets auf Kursgewinne zu hoffen. Die folgenden sind die beliebtesten Derivate am Kapitalmarkt.

Termingeschäfte

Bei diesem Vertrag verpflichten sich die beiden Parteien, meist der Anleger und der Broker, mit dem der Vertrag abgeschlossen wird, einen bestimmten Basiswert zu einem vorher festgelegten Preis zu kaufen bzw. zu verkaufen. Beispielsweise wetten Sie darauf, dass der Preis eines Basiswertes innerhalb des nächsten Handelstages steigt, dann schließen Sie ein Termingeschäft mit dem Broker ab, dass Sie den Basiswert zum ausgemachten Termin für den aktuellen Preis kaufen können. Der Broker als Ihr Vertragspartner wettet im Umkehrschluss darauf, dass der Preis des Basiswertes sinkt. Egal, wie hoch der Preis zum festgelegten Termin ist - in diesem Fall zum Ende des nächsten Handelstages - Sie haben sich vertraglich verpflichtet, diesen Wert zu kaufen. Man nennt diese Geschäfte an der Börse Futures, im außerbörslichen Handel (OTC-Handel) spricht man von Forwards.

Optionsgeschäfte:

Der Käufer einer Option erwirbt bei diesem derivativen Finanzprodukt das Recht darauf, einen Wert zum festgelegten Preis zu kaufen. Für eine Option wird eine sogenannte Optionsprämie fällig, die der Käufer, unabhängig davon, ob er den Basiswert zum festgelegten Preis kauft oder nicht, zahlen muss. Bis zum Ablauf der Option kann sich der Käufer entscheiden, ob er die Option nutzt oder nicht. Er kann sie auch verfallen lassen und zahlt so lediglich die Optionsprämie, kann seinen Verlust dadurch allerdings begrenzen. Aufgrund dieser Verlustbegrenzung ist das Geschäft mit Optionen für den Käufer nicht so risikovoll wie mit anderen Derivaten, allerdings wirkt sich die Optionsprämie stets negativ auf den erzielten Gewinn aus.

CFDs

CFD steht für **C**ontracts **f**or **D**ifference, also für einen Differenzkontrakt. **Die beiden Vertragsparteien einigen sich darauf, die Differenz aus dem aktuellen Kurs und dem Kurs zu Vertragsende zu bezahlen.** Ein Vertragspartner nimmt dabei eine Long-Position ein, wettet also auf steigende Kurse. Der andere ist Inhaber der Short-Position und profitiert von fallenden Kursen. Endet der CFD beispielsweise am Ende des Handelstages, muss der Verlierer die prozentuale Differenz zwischen Startkurs und aktuellem Kurs an den Gewinner ausbezahlen. Doch damit noch nicht genug: CFDs sind sogenannte Hebelprodukte. Das bedeutet, dass einzelne Positionen in ihrer Größe künstlich gehebelt werden, sodass mit mehr Kapital gehandelt wird, als eigentlich eingesetzt wurde. Wie funktioniert das?

Zunächst entscheiden Sie sich, mit wie viel Kapital Sie handeln möchten, also wie viel Sie real einsetzen. Das ist Ihre sogenannte Security Margin. In diesem Beispiel beträgt sie 100 Euro. Nun gibt der Broker eine Margin vor, die bestimmt, wie hoch der Hebel ist. Beträgt die vorgegebene Margin 1 %, so ist der Hebel = 100 / Margin in Prozent = 100 / 1 = 100 Euro. Ihre Positionsgröße ermitteln Sie nun durch Multiplikation der Security Margin (100 Euro) mit dem eben errechneten Hebel (100) = 10.000. Dieser Wert definiert die imaginäre Positionsgröße, mit der nun gehandelt wird. Obwohl Sie also nur 100 Euro einsetzen, bietet Ihnen der Hebeleffekt die Möglichkeit, imaginär mit einer deutlich größeren Positionsgröße zu handeln, so, als ob Sie den Basiswert mit 10.000 Euro selbst erworben hätten. Haben Sie nun beispielsweise auf steigende Kurse gewettet und der Kurs steigt tatsächlich um 2 % innerhalb des festgelegten Zeitraums, generieren Sie einen Gewinn von 2 % * 10.000 Euro (Positionsgröße) = 200 Euro. Wäre der Kurs um 2 % abgestürzt, hätten Sie 200 Euro an Ihren Vertragspartner, den Broker, zahlen müssen.

Dieses Beispiel diente vor allem der Veranschaulichung, um die Funktionsweise von CFDs besser verstehen zu können. In der Realität sind Margins in Höhe von 1 % jedoch selten anzutreffen. Zu hoch sind die Risiken für Sie und den Broker. Deshalb sind Margins in Höhe von in etwa 3 % oder höher empfehlenswerter, um nicht die gesamte Security Margin aufs Spiel zu setzen, wenn der Kurs um wenige Prozentpunkte steigt bzw. fällt. Beziehen wir die drei Säulen einer guten Investition in die Analyse solcher derivativen Finanzprodukte ein, fällt auf, dass zum einen die Liquidität sehr hoch ist, da die Geschäfte häufig nur von kurzer Dauer sind, zum anderen allerdings das Ausfallrisiko enorm ist. Dazu kommt, dass mithilfe von CFDs sogar Verluste deutlich über das eingesetzte Kapital möglich sind, wenn sehr unerwartete Ereignisse eintreten. Dementsprechend hoch sind aber auch die möglichen Renditechancen, weshalb sich vor allem Trader an CFDs bedienen, um das Renditepotenzial zu erhöhen.

Rohstoffe, Devisen und Krypto

Zum Abschluss dieses Kapitels möchte ich noch auf drei weitere Investitionsmöglichkeiten hinweisen, die nur teilweise mit dem Kapitalmarkt zusammenhängen. Jede dieser drei Alternativen sollte vor allem zum Vermögensaufbau genutzt werden, da ein passives Einkommen nur schwierig damit umzusetzen ist.

In Rohstoffe lässt sich heutzutage mittels mehrerer Anlagemöglichkeiten investieren. **Zum einen besteht die Chance, auf physischem Wege Edelmetalle zu erwerben und sie beispielsweise im Bankschließfach sicher aufzubewahren.** Der Vorteil ist, dass der Erfolg dieser Strategie ausschließlich vom jeweiligen Preis des erworbenen Edelmetalls abhängt, weil keine weiteren Anbieter in die Investition involviert sind. Problematisch ist allerdings, dass hinreichende Diversifikation nur unter hohem Kapitalaufwand möglich ist, sodass der kleine Anteil des Portfolios, der für Edelmetalle oder andere Rohstoffe genutzt wird, ausreichend groß sein muss, um verschiedene Edelmetalle kaufen zu können. Leisten kann sich das vermutlich nicht jeder. Fest steht aber, dass die Käufer und Spekulanten mit Edelmetallen größtenteils sehr wohlhabende Anleger sind, die Rohstoffe mit dem Ziel des Kapitalerhalts kaufen. Beispielsweise der Goldpreis passt sich im Mittel an die Inflation an, wenn die Nachfrage unverändert bleibt. Ein Nachfrageüberschuss aufgrund von beispielsweise Modetrends kann sogar zu einem starken Anstieg des Preises führen, was ebenfalls gut für die Anlage ist. Weitere beliebte Edelmetalle sind unter anderem Silber oder Platin.

Im Gegensatz zum physischen Kauf sind bei Anlegern Rohstoff-ETFs oder Rohstoff-Fonds ebenfalls sehr beliebt. Es findet wie üblich eine breite Streuung statt und die Investoren profitieren von stetig steigenden Rohstoffpreisen. Angelegt wird das Geld dann häufig nicht in echte Metalle, Öle oder Gase. Stattdessen wird es in die Firmen investiert, die hauptsächlich mit diesen Produkten handeln. Somit kommt im Vergleich zur physischen Investition in Edelmetalle hinzu, dass die betreffenden Firmen eine besonders gute oder auch schlechte Performance hinlegen können, sodass der Anlageerfolg auch maßgeblich von der Wirtschaftlichkeit der agierenden Firmen abhängt. Bekannte Rohstoff-ETFs bauen beispielsweise auf dem STOXX Europe 600 Basic Resources Index auf, der innerhalb der vergangenen drei Jahre 54,46 % Rendite generiert hat. Im Allgemeinen gelten Rohstoffe als risikoarme Geldanlage, da die Nachfrage aufgrund der natürlichen Knappheit stets gegeben ist – das Ausfallrisiko ist deshalb gering.

Am Devisenmarkt tauschen Sie die eigene Währung in Fremdwährung um und spekulieren somit gleichzeitig auf einen Gewinn der erworbenen Währung und auf den Verlust der eingetauschten Währung. Es handelt sich um sehr kurzfristige Geschäfte, denn der Devisenmarkt ist hochvolatil. Damit ist in diesem Fall gemeint, dass hier täglich enorm hohe Summen umgesetzt werden – so viel wie an keinem anderen Markt weltweit. Das liegt vor allem an Tradern und Day-Tradern, die die Fülle an Marktteilnehmern und Spekulanten schätzen und Ihre Positionen innerhalb weniger Minuten öffnen und wieder schließen können, denn Käufer finden sich immer. Langfristig gesehen ist es äußerst schwierig, vorherzusagen, welche Währung im Vergleich zu welcher anderen Währung Gewinne verzeichnen kann, weshalb ein Investment mit großem Zeithorizont nicht sinnvoll erscheint. Dennoch kann der Devisenmarkt für Sie auf dem Weg zur finanziellen Freiheit eine Rolle spielen – mehr darüber erfahren Sie noch innerhalb dieses Kapitels, wenn es um Trading geht.

Nur anschneiden möchte ich das umfangreiche Thema Krypto, welches allein ein eigenes Buch verdienen würde. Aus den Medien haben Sie sicherlich bereits über die unendlichen Möglichkeiten der neuen Internetwährungen gehört, die den Kapitalmarkt aufmischen. Dabei wissen viele gar nicht, was Krypto genau ist.

Ich erkläre es Ihnen. **Kryptowährungen sind Onlinewährungen, die ausschließlich im Internet existieren, sodass keine Barzahlung wie etwa beim Euro oder Dollar möglich ist.** Ausgangspunkt für die meisten Kryptowährungen ist eine sogenannte Blockchain, welche wie eine dezentrale Datenbank auf den Computern der Investoren funktioniert. Als bekanntester Vertreter der Kryptowährungen lässt sich mit Sicherheit der Bitcoin nennen, der immer wieder durch große Investoren und durch die Medien angeheizt wird. Allerdings sollten Sie auch die Namen Ethereum, Dogecoin oder Ripple kennen, wenn Sie in diese Anlageform investieren wollen.

Des Weiteren übernehmen Kryptowährungen unterschiedliche Aufgaben, unter anderem als Zahlungsmittel, Vertragsmanager oder als Blockchain Manager. Sie gelten unter Anlegern als hochspekulativ, weil das Ausfallrisiko, welches auftritt, wenn sich die Währung nicht durchsetzt, enorm hoch ist. Dann ist der Coin so gut wie nichts mehr wert und das investierte Geld ist weg. Demgegenüber steht jedoch ein hohes Rentabilitätspotenzial, welches sich in den nächsten Jahren so richtig ausbreiten könnte. Die meisten Kryptostrategien bauen deshalb auf dem Value-Investment auf, bei dem in viele sehr kleine Coins investiert wird, die früher oder später einen Boom erleben könnten. Vergleichbar ist das in etwa mit einer Investmentstrategie, die hauptsächlich in der Unterstützung von Start-ups besteht, die große Pläne haben und mit neuen Technologien den Markt erobern könnten – oder scheitern.

STELLEN SIE IHR EIGENES PORTFOLIO ZUSAMMEN

Sie haben nun gelernt, welche Anlagemöglichkeiten es am und um das Kapital gibt. Je nach Lebenssituation, Risikobereitschaft und den eigenen Prioritäten soll es nun darum gehen, wie Sie sich aus diesen Möglichkeiten ein Portfolio zusammenstellen, welches Ihnen Ihre gewünschte Rendite zum Vermögensaufbau beschert. Dabei thematisiere ich noch nicht die Eigenschaft des passiven Einkommens, denn dieses wird meist über andere Anlagen bzw. Anlagestrategien erzielt.

Wie Sie allerdings bereits wissen, ist vor allem in den Jahren, in denen Sie viel Geld verdienen, eine effektive Geldanlage notwendig, um entsprechendes Kapital zur finanziellen Freiheit aufbringen zu können. Wann demnach eine Umschichtung des Portfolios in passive Einkommensquellen erfolgt – also eine Abschöpfung statt Reinvestierung des Gewinns –, ist nicht exakt festgelegt. Empfehlenswert ist jedoch eine stufenweise Umschichtung, möglicherweise mithilfe von Immobilien oder alternativen Investmentkonzepten. Dazu erfahren Sie im weiteren Verlauf dieses Kapitels noch alles Wissenswerte. Widmen wir uns nun Ihrem Portfolio mit dem Ziel des Vermögensaufbaus.

Sie erinnern sich hoffentlich an das zweite Kapitel dieses Buches, in dem es darum ging, Ihre finanzielle Situation zu analysieren und darauf aufbauend Ausgaben zu vermindern und Einnahmen zu erhöhen. Das ist für diesen Abschnitt aus zweierlei Gründen relevant, denn zum einen bemerken Sie nun, wie entscheidend eine hohe Sparquote ist, die monatlich zur Investition in das Portfolio genutzt werden kann. Sie determiniert sich aus den gering gehaltenen Ausgaben und dem ausgereizten Einkommen.

Zum anderen spielt nun die Person aus dem Fallbeispiel, Mark, erneut eine entscheidende Rolle, denn die im zweiten Kapitel dieses Buches erstellte Rechnung wird nun erneut aufgegriffen. Mithilfe seines Nebenjobs und der geringen Ausgaben ist es für Mark möglich, monatlich 1000 Euro in das Portfolio anzulegen, was für ein Alter von 29 Jahren eine beachtliche Summe ist, die jedoch keineswegs unrealistisch sein soll.

Beachten Sie, dass eine Steigerung der Sparquote von jährlich 5 % durchaus den realen Gegebenheiten entspricht. Begründen lässt sich diese Steigerung vor allem durch etwaige Lohnerhöhungen, entstehend aus der Inflation, aber auch aufgrund von Jobwechseln, der Erhöhung des eigenen Humankapitals oder einer erfolgreicheren Ausführung des Minijobs. Meist lässt sich diese Sparquote um einen höheren Prozentsatz steigern, vor allem in den Anfangsjahren des Investments, da Lohnsteigerungen im jungen Alter häufig vorkommen. Das Startkapital von Mark beträgt 10.000 Euro. Eine notwendige Rücklage für Notfälle in Höhe von drei Monatsgehältern besitzt er auf einem separaten Konto, diese soll aber für die Betrachtung des Portfolios keine weitere Rolle spielen.

Die Basis seines Portfolios bilden ETFs, bestehend aus Aktienindizes, die breit diversifiziert sind. In Marks Fall ist dies die risikoärmste Stufe des Portfolios, da er sich sehr gut am Kapitalmarkt auskennt und weiß, wie mit Risiken umzugehen ist. Eine zusätzliche Absicherung des Kapitals durch beispielsweise Edelmetalle oder Anleihen ist nicht vorgesehen, da er noch sehr jung ist und es im Moment zu geringe Summen sind, die abgesichert werden müssten. Aus diesen Gründen verzichtet er auf eine reine Absicherung des Geldes ohne Renditeerwartungen. 30 % seines Kapitals investiert Mark somit in weltweit gestreute ETFs, genauer genommen zwei Drittel davon in den MSCI World Index und ein Drittel in den MSCI Emerging Markets Index.

Monatlich sind dies 300 Euro, die mithilfe eines Sparplans über einen Onlinebroker kostengünstig investiert werden. Das Startkapital von knapp 3.000 Euro für diese Investition hat er innerhalb von sechs Monaten zu je 500 Euro in den Sparplan einfließen lassen. Damit wird vermieden, dass alle Anteile zu 3.000 Euro an einem Tag und somit zu einem Preis gekauft werden, der möglicherweise zu teuer im Vergleich zur eigentlichen Entwicklung gewesen wäre.

Weitere 15 % investiert Mark in einen weniger breit gestreuten ETF, denn er vertraut auf die Technologiebranche der USA. Der NASDAQ 100 hat ihn überzeugt, weil bereits ein guter Freund von ihm mehrere Jahre in den NASDAQ 100 investiert, was bisher sehr gut funktioniert hat. Denkbar ist allerdings, dass er innerhalb der nächsten Jahre auf einen anderen USA-basierten Index umsteigt, beispielsweise auf den S&P 500, vor allem, wenn es um höhere Summen an Kapital geht. Die Renditemöglichkeiten sind beim S&P 500 zwar deutlich begrenzter im Vergleich zum NASDAQ 100, allerdings geht es dann auch um die Absicherung des Kapitals.

Mark ist kein Zocker, allerdings versteht er die langfristige Stärke von Aktienmärkten sehr gut, weshalb er viel Vertrauen in die sogenannte Value-Strategie legt, die ich im Folgenden kurz vorstellen werde.

Am Aktienmarkt verfolgen Anleger unterschiedliche Strategien. Einige konzentrieren sich lediglich auf Fonds, andere nur auf ETFs und wiederum andere beziehen einzelne Aktien bzw. die Strategien dahinter in ihr Portfolio ein – so auch er selbst. Kein Geringerer als Warren Buffett höchstpersönlich steckt hinter der Value-Investing-Strategie. Es geht darum, mithilfe eines langfristigen Anlagehorizontes das Beste aus einer Aktie herauszuholen und sie so lange zu halten, bis sie so richtig durchstartet. Dafür werden vor allem kleinere Unternehmen gesucht, die folgende Kriterien erfüllen sollten: ausgezeichnete wirtschaftliche Verfassung, zukunftsorientierte Wettbewerbsposition, aufrichtige Manager und, das Wichtigste, der Preis sollte unter dem inneren Wert liegen. Diesen inneren Wert errechnen Börsenspekulanten anhand von Aktienkennzahlen und weiteren Indikatoren, die den Rahmen dieses Buches sprengen würden.

Fest steht allerdings: Wird eine solche Aktie gefunden, sollte investiert werden, denn auf kurz oder lang passt sich der Preis der Aktie dem inneren Wert an, sodass Gewinn entsteht. In einigen Fällen geht der Preis sogar so sehr durch die Decke, dass man sich ärgert, nicht noch mehr investiert zu haben. Aufgrund seines privat hohen Interesses am Aktienmarkt verfolgt Mark diese Strategie als eine Art Hobby und identifiziert immer wieder Unternehmen, in die sich der Einstieg lohnt. Langfristig gesehen und unter Aufwendung eines gewissen Zeitaufwandes zur Weiterbildung des eigenen Wissens sowie zur Identifikation geeigneter Unternehmen sind Renditen oberhalb der 10 %-Marke durchaus realistisch. Mark investiert 20 % seines verfügbaren Kapitals in diese Strategie, was eine vergleichsweise hohe Summe in Bezug auf den Rest des Portfolios darstellt. Hauptgrund dafür ist vor allem sein Wissen und sein junges Alter.

Nun wurde bereits mehr als die Hälfte des verfügbaren Kapitals verwendet, hauptsächlich für langfristige Anlagestrategien. Diese benötigen vor allem Expertise während der Vorbereitung und Auswahl der ETFs und Aktien, allerdings nicht während der Laufzeit.

Dies trifft auch für das vorletzte Finanzprodukt zu, in welches Mark investiert. 5 % seines Kapitals legt er in Kryptowährungen an. Dabei konzentriert er sich auf kleine Coins, die hohes Potenzial haben, allerdings auch ein hohes Ausfallrisiko bergen. Häufig sind diese Coins sehr günstig, sodass bei einem Hype plötzlich hohe Gewinne möglich sind, da bereits einige Coins im eigenen Besitz sind – die mit Abstand risikovollste Anlageklasse in Marks Portfolio, welche voraussichtlich nicht länger als über einen Zeitraum von mehreren Jahren bestehen wird. Konnten erste Erfolge eingefahren werden oder muss Mark das Projekt mit einem Minus beenden, wird er spätestens nach fünf Jahren kein weiteres Kapital in Kryptowährungen investieren. Sein Fokus wird er dann auf sichere, hohe Renditen aus herkömmlichen Finanzprodukten legen.

Der abschließende Anteil des Investitionskapitals fließt bei Marks Portfolio in Trading am Aktienmarkt, unter anderem mittels CFDs. Wenn Sie nun Fragezeichen über dem Kopf schweben haben, ist das kein Problem. Ich erkläre Ihnen alles, was Sie über Marks Strategie wissen möchten. Trading ist eine Form des Handels mit Finanzprodukten, bei der innerhalb einer kurzen Frist Basiswerte gekauft und wieder verkauft werden.

Trader verfolgen das Ziel, kurzfristige Schwankungen des Aktiencharts auszunutzen, um zu einem niedrigen Preis einzusteigen, also die Position zu eröffnen, und zu einem höheren Preis wieder auszusteigen, also die Position zu schließen. Orientierungspunkte werden dabei durch den historischen Aktienchart vorgegeben, welcher optimalerweise klare Muster und somit Handlungsanweisungen vorgibt. Die besondere Form des Day-Tradings beschäftigt sich mit den kleinsten Trends des Marktes – den Tertiärtrends. Diese sind hochvolatil und bilden sich mehrmals am Tag, sodass die Position von Day-Tradern innerhalb eines Tages problemlos geöffnet und wieder geschlossen werden kann. Was hat das alles mit Marks Portfolio zu tun?

30 % seines Investitionskapitals fließen monatlich als Basiskapital in das Day-Trading, also 300 Euro. Mit diesem Geld eröffnet Mark langfristige Positionen über teils mehrere Tage, Wochen und manchmal auch Monate, um als Trendfolger mittlere Gewinne im Trading abzuschöpfen. Interessant ist, dass es beim Trading nicht nur um die reine Rendite mit Risiko- und Liquiditätsbetrachtung geht, sondern auch die investierte Zeit entlohnt werden soll.

Deshalb sind niedrige Summen als Starteinsätze für erfahrene Trader keine Option, denn so entstehen keine hohen Gewinne. Sie bemerken vielleicht, dass sich das Investitionskapital von monatlich 300 Euro bei hohen Renditen stark erhöht. Innerhalb von zwei Jahren wären so bereits 7200 Euro eingezahlt, ohne dass Renditen erzielt worden sind. Bezieht man monatliche Renditen von 5 bis 15 % mit ein, steigt die Summe deutlich stärker an. Das liegt nicht zuletzt daran, dass bei dieser Investitionsmöglichkeit die Liquidität stark erhöht ist. Im Gegensatz zu alternativen Anlagestrategien wird das Kapital hierbei monatlich statt jährlich verzinst, sodass innerhalb eines Jahres zwölf Renditeperioden mit teils hohen Schwankungen entstehen. Aus diesem Grund schöpft Mark nach den ersten 12 Monaten häufig Gewinne aus dem Trading-Bereich ab, um sie im Immobilien-Sektor zu investieren. So gelingt Mark der Sprung vom reinen Vermögensaufbau hin zum passiven Einkommen, welches in Zukunft erreicht werden soll. Ab dem nächsten Kapitel wird es nun weniger um Vermögensaufbau, sondern gezielt um das passive Einkommen gehen, zunächst anhand von Immobilien.

Marks Beispielportfolio

Bezeichnung	Sparquote (%)	Sparquote (absolut)	Zeitaufwand	Renditeerwartung
MSCI-World-Index-ETF	20 %	200 Euro	Gering	5 - 7 % jährlich
MSCI-Emerging-Markets-ETF	10 %	100 Euro	Gering	6 - 8 % jährlich
NASDAQ-100-ETF	15 %	150 Euro	Gering	5 - 9 % jährlich
Value-Investing-Aktien	20 %	200 Euro	Mittel	2 - 14 % jährlich
Kryptowährungen	5 %	50 Euro	Mittel	10 - 20 % jährlich
Trading /Immobilien	30 %	300 Euro	Hoch	0 - 15 % monatlich

Marks durchschnittliche Renditeerwartung des Portfolios lässt sich mithilfe des Erwartungswertes berechnen: Multiplizieren Sie die prozentuale Sparquote mit der durchschnittlichen Renditeerwartung der einzelnen Produkte und summieren Sie die Werte anschließend.

$$E = 0{,}2 * 0{,}06 + 0{,}1 * 0{,}07 + 0{,}15 * 0{,}07 + 0{,}2 * 0{,}08 + 0{,}05 * 0{,}1 + 0{,}3 * 0{,}075$$

$$E = 0{,}073 = 7{,}3\ \%$$

Ihr persönliches Portfolio

Nach dieser ausführlichen Erklärung von Marks Portfolio sind nun Sie gefragt, sich ein eigenes Wunsch-Portfolio zu erstellen. Lassen Sie Ihr soeben erworbenes Wissen einfließen und setzen Sie Schwerpunkte in den Bereichen, die Ihnen viel Potenzial versprechen. Vergessen Sie dabei allerdings nicht, dass es sich weiterhin um eine Menge an Vermögen handelt, welches nicht zu risikovoll investiert werden sollte. Im Anschluss lässt sich Ihr Rendite-Erwartungswert nach dem zuvor erläuterten Prinzip errechnen.

Bezeichnung	**Sparquote (%)**	**Sparquote (absolut)**	**Zeitaufwand**	**Renditeerwartung**

IMMOBILIEN: PASSIVES EINKOMMEN AUF KLASSISCHEM WEG

Immobilien sind der Stern am Himmel, wenn es um passives Einkommen geht. Kaum jemand mit hohem Vermögen hat sein Kapital nicht in Immobilien angelegt und schöpft daraus monatlich eine Rendite in Form der Mieten. Gemeinsam werden wir überprüfen, was Immobilien Ihnen bieten können, wie der Weg zur ersten Immobilie aussieht und im Abschluss: *Ob es sich lohnt!*

Zunächst widme ich mich der privaten Seite. In einer Mietwohnung leben und zeitgleich Immobilien vermieten, das passt nicht so recht zusammen, finde ich. Deshalb sollte sich in der Aufbauphase darum gekümmert werden, den eigenen Lebensstandard abzusichern. Das bedeutet, dass möglichst nicht zur Miete gewohnt werden sollte, sondern in einer Eigentumswohnung.

Allerdings hat nicht jeder das Glück, beispielsweise ein Haus seiner Eltern vererbt zu bekommen oder in einem Generationenhaus der Familie wohnen zu können, wo regelmäßige Kosten lediglich in Höhe der Renovierungen anfallen und nicht in Form der Miete. Deshalb ist es unabdingbar, so schnell wie möglich die erste eigene Wohnung zu erwerben. Das funktioniert häufig nur mit einem Kredit, vor allem, wenn Sie noch in den jungen Jahren Ihres Lebens sind. Bevor wir uns genauer anschauen, was es bei der ersten Eigentumswohnung zu beachten gilt, stelle ich Ihnen in einem Exkurs vor, welche Voraussetzungen Sie mitbringen sollten, um einen fairen Kredit zu erhalten.

Exkurs: So setzt sich Ihre Bonität zusammen

Die Bonität bestimmt, zu welchen Konditionen Sie einen Kredit von der Bank erhalten. Berechnet wird diese von der SCHUFA, der größten Kreditagentur Deutschlands. Jede in Deutschland Rechnungen begleichende Person hat somit einen SCHUFA-Eintrag, der in Scorewerten gemessen wird. Dieser Score ist dafür verantwortlich, zu welchen Konditionen Ihnen ein Kredit angeboten werden kann, denn die Banken ermitteln so das Ausfallrisiko. Ist Ihr Score entsprechend schwach, verlangt das Kreditinstitut, also die Bank, häufig einen höheren Zins als Ausgleich für das Risiko eines Zahlungsausfalls von Ihrer Seite. Haben Sie ein gutes Rating, bekommen Sie den Kredit bereits zu vergünstigten Konditionen, denn die Chancen stehen dann besser, dass Sie das geliehene Geld innerhalb der Frist zurückzahlen.

Zunächst ist eine regelmäßige Überprüfung Ihres SCHUFA-Eintrags sinnvoll. Kein System ist fehlerfrei, sodass möglicherweise veraltete Daten von längst getilgten Krediten noch nicht erfasst worden sind. Überprüfen Sie daher, ob die eingetragenen Daten stimmen, das ist nach § 34 des Bundesdatenschutzgesetzes einmal jährlich gestattet. Häufig benötigen Sie diesen Eintrag, genannt Selbstauskunft, auch für den Kauf oder das Mieten einer Immobilie. Der Besitzer überprüft damit, ob Sie entsprechend zahlungsfähig sind.

Verzichten Sie weitestgehend auf Kredite jeglicher Form, insbesondere bei Konsumkäufen. Damit meine ich vor allem Finanzierungen von mehr oder weniger großen Anschaffungen, mit denen Sie sich jedes Mal verschulden. Die SCHUFA vermerkt das und auch, wenn Sie stets pünktlich zahlen, wirkt sich das schlechter auf Ihre Bonität aus, als wenn Sie nie mithilfe von Finanzierungen kaufen. Offensichtlich sollte sein, dass eine gute Bonität unter anderem aufgrund termingerechter Zahlung entsteht. Geraten Sie häufig in Verzug und müssen die Firmen Ihrem Geld hinterherlaufen, hat das keine positive Auswirkung auf Ihre Bonität. Achten Sie deshalb darauf, Fristen einzuhalten und Schulden pünktlich zu begleichen – vor allem, wenn es um finanzielle Angelegenheiten geht.

Als Tipp kann ich Ihnen dennoch mitgeben, möglichst den höchsten Dispositionskredit zu wählen, den Ihnen die Bank anbietet. Nicht, weil Sie diesen nutzen und somit ständig Ihr Konto überziehen sollen, sondern weil dieser nur in großer Höhe gewährt wird, wenn Sie eine gute Kreditwürdigkeit aufweisen. Bietet Ihnen die Bank also einen hohen Dispokredit an, nehmen Sie diesen an, denn die SCHUFA orientiert sich auch an den Einschätzungen der Bank. Ihre Bonität ist des Weiteren auch davon abhängig, wie vertragstreu Sie sind. Bewertet wird dafür vor allem Ihre Beziehung zur Bank bzw. ob Sie Ihre Bank oft wechseln. Lange Vertragsbeziehungen werden in der Finanzwelt hoch angesehen, denn Sie gelten dann als treuer Partner. Vermeiden Sie daher auch zu viele Konten oder eine undurchsichtige Kontenstruktur, die beispielsweise auf Boni für Kontoeröffnungen abzielt, wenn Sie eine hohe Bonität anstreben.

Neben Ihrer Bonität spielen allerdings noch weitere Faktoren eine wichtige Rolle, wenn es darum geht, gute Konditionen für einen Kredit zu erhalten. Zum einen ist das die **private Vermögenslage**, also Spareinlagen oder zum Beispiel langfristige Investments in Aktien. Ebenso spielt die **Einkommenssituation** eine wichtige Rolle, denn der Kreditgeber legt großen Wert auf sichere Zahlungen, sodass Sie mit einem krisensicheren und gut bezahlten Job an oberster Stelle stehen. Als krisensichere Berufe gelten vor allem Angestellte im öffentlichen Dienst oder Beamte, aber auch Personen mit hohem individuellem Humankapital sind am Arbeitsmarkt stets gut aufgehoben, sodass ein Zahlungsausfall für den Kreditgeber unwahrscheinlich wird. Sie merken, dass gute Kreditkonditionen vor allem dann entstehen, wenn Sie die Bank davon überzeugen können, dass Sie ein verlässlicher Geschäftspartner sind. Lassen Sie sich daher auf ein genaues Gespräch mit Ihrem Berater ein: Schließlich wird hier bestimmt, wie hoch die Zinsen, die Sie zahlen müssen, tatsächlich sind.

Darum lohnt sich Eigentum auch privat

Im vorangegangenen Abschnitt habe ich Ihnen erklärt, wie Sie Ihre Bonität aufstocken können, sodass ein fairer Preis für den Kredit entsteht, mit dem Sie Ihre private Eigentumssituation absichern können. Doch warum lohnt sich Eigentum bereits in frühen Jahren? Welche sind die Vorteile gegenüber einer Mietwohnung?

Die Antwort ist ebenso einfach wie genial: Weil Sie in die eigene Tasche wirtschaften. Eine Eigentumswohnung erwerben Sie häufig mithilfe eines Kredits, je nach Größe und Standort kann der Kaufpreis zwischen 100.000 Euro und ca. 700.000 Euro variieren, wobei die Grenzen im aktuell stark wachsenden Wohnungsmarkt nicht eindeutig definiert sind, vor allem nach oben hin nicht. Beziehen Sie eine Wohnung zur Miete, zahlen Sie den monatlich fälligen Betrag der

Kaltmiete direkt an den Vermieter, der von diesem Geld Renovierungen bezahlt und Gewinne abschöpft. Anders sieht das aus, wenn Sie mithilfe Ihres monatlichen Einkommens den für den Erwerb der Eigentumswohnung aufgenommenen Kredit abbezahlen und Sie nach einer gewissen Laufzeit Besitzer dieser Wohnung sind, ohne dafür weiterhin Zahlungen aufbringen zu müssen. Das Geld, welches Sie zur Tilgung des Kredits verwenden, schwindet somit nicht, sondern wandert über die Wohnung wieder in Ihre Tasche. Einzig die gezahlten Zinsen für den Kredit sind tatsächliche Kosten, doch diese sind weitaus geringer als die Kaltmiete einer Mietwohnung.

Viele Personen sind skeptisch bezüglich einer ersten Eigentumswohnung eingestellt, vor allem, wenn man sich noch in einem jungen Alter befindet, wenig Vermögen vorweisen kann und somit vergleichsweise hohe Zinskosten zu tragen hat. Zwar kann ich die Bedenken nachvollziehen, doch vergessen viele dabei die langfristige Betrachtung über die gesamte Lebenszeit. Eine einmal erworbene Wohnung wirft über Ihre Lebensdauer Renditen in Form von Mietersparnissen ab, wenn Sie selbst darin wohnen, oder in Form von Mieteinkünften, wenn Sie die Wohnung vermieten. Es ist dafür nicht wichtig, dass Sie so lange in der Wohnung leben, bis sie abbezahlt ist.

Handelt es sich um einen attraktiven Standort und können Sie die Wohnung vermieten, entstehen keine Verluste im Vergleich zum eigenen Wohnen in der Wohnung, da Sie regelmäßige und sichere Mieteinnahmen generieren. Schrecken Sie deshalb nicht davor zurück, bereits zeitig mit dem Erwerb von Eigentum zu beginnen: Die Renditedauer ist umso länger, je eher Sie das Objekt besitzen.

Passives Einkommen durch Immobilien: Diese Idee steckt dahinter

Passives Einkommen ermöglicht es Ihnen, mithilfe von Investitionen monatliche Renditen zu erzeugen, die Ihre Einkommenssituation aufbessern oder sogar vollständig umkrempeln, indem Sie ausschließlich auf passives Einkommen zurückgreifen können. Die wohl beliebteste Variante dafür ist der Handel und die Vermietung von Immobilien. Der Grund liegt vor allem darin, dass das Geschäft mit dem Betongold sehr naheliegend ist. Jeder hat sich schon einmal mit der privaten Wohnungssituation beschäftigt und viele kennen aufgrund persönlicher Erfahrungen den Wohnungsmarkt in der eigenen Stadt sehr gut und mussten bereits Entscheidungen rund um das Thema Wohnen treffen. So ist Ihnen sicher aufgefallen, dass bereits wenige Objekte im eigenen Portfolio genügen sollten, um einen passiven Cashflow zu erzeugen, der das private Einkommen ordentlich aufstockt.

Vorteilhaft am passiven Einkommen mithilfe von Immobilien ist zum einen die Sicherheit, die viele Anleger schätzen. Das Investitionsobjekt ist für jeden sichtbar und Sie wissen, woran Sie an der physischen Investition sind – anders als beispielsweise bei Aktien, bei denen man lediglich im Onlineportfolio Aktienkurse einsehen kann, sie allerdings nicht anfassen kann. Nicht unbeachtet bleiben sollte allerdings, dass einzelne Immobilien teuer sind und eine Finanzierung somit häufig notwendig wird.

Sie als Investor verschulden sich also zunächst, um in Zukunft Renditen zu erzielen. Das ist jedoch auf dem Weg zum passiven Investment stets der Fall – zumindest müssen teils hohe Startkosten getragen werden, um das jeweilige Projekt ins Rollen zu bringen. Des Weiteren ist die von vielen Anlegern geschätzte Sicherheit aufgrund der physischen Eigenschaft der Immobilie nur eine gefühlte Sicherheit, denn Diversifikation findet häufig kaum statt. Das liegt vor allem daran, dass nicht ausreichend Kapital zur Verfügung steht, um verschiedene Immobilien zu erwerben. Optimalerweise werden nämlich neben Wohnhäusern innerhalb und außerhalb von Städten auch beispielsweise Immobilien der Industriebranche (Gewerbeimmobilien), wie zum Beispiel Bürogebäude, erworben.

Diese Diversifikation kann bei Privatpersonen häufig nicht stattfinden, vor allem nicht in der Anfangsphase der Investition. Außerdem unterliegt auch der Immobilienmarkt einem gewissen Volatilitätsrisiko, sodass der Wert der eigenen Immobilie vor allem von der Nachfrage abhängt. Diese wird durch die Rahmenbedingungen des jeweiligen Gebietes determiniert, sodass auch politische Entscheidungen oder raumordnerische Maßnahmen eine Rolle für die Entwicklung des Preisniveaus des Mietobjekts spielen.

Diese Immobilien-Strategien gibt es

Klassischerweise wird mit Immobilien eine **Buy-and-Hold-Strategie** verfolgt. Das bedeutet, dass das Objekt finanziert, erworben und vermietet wird, sodass von den passiven Einnahmen profitiert werden soll. Ein Verkauf des Objektes würde dazu führen, dass die Quelle für die passiven Einnahmen verschwindet, weshalb dieser erst im hohen Alter oder gar nicht stattfindet. Diese Strategie wurde bereits ausgiebig erläutert und soll nicht erneut thematisiert werden.

Alternativ hat sich die sogenannte **Fix-and-Flip-Strategie** herausgebildet. Kern der Strategie ist es, sich auf preisgünstige Immobilien zu konzentrieren, die oftmals mit hohen Renovierungskosten verbunden sind. So entsteht ein im Vergleich zu anderen Immobilien günstiger Kaufpreis, der von viel Arbeit und Zeitaufwand begleitet wird. Nach der Renovierungsphase ist das Objekt häufig deutlich mehr Geld wert, als insgesamt aufgewendet wurde, da die Gesamtheit des fertigen Objekts Investoren anziehen würde, die vor allem die Mieteinnahmen einstreichen wollen, ohne dabei selbst Aufwand zu haben. Das ist der eigentliche Kern dieser Strategie, allerdings wäre ein Verkauf nun nicht Sinn der Sache, denn auch Sie haben langfristig den Traum des passiven Einkommens, sodass Sie das Objekt nun auch vermieten können. Welche Besonderheiten entstehen dann außerhalb der hohen Renovierungskosten? Häufig handelt es sich bei diesen Objekten um Immobilien außerhalb von Städten bzw. in Regionen mit geringen Mietpreisen. Das liegt daran, dass die Marktsituation bereits sehr angespannt ist und mögliche Renditeobjekte in guten geografischen Lagen schon renoviert worden sind.

Die Strategie hat sich daher insoweit gewandelt, als man sich heutzutage vor allem auf Immobilien konzentriert, die sich in weniger hohen Mietpreisgegenden befinden und somit zusätzlich günstiger sind beim Kauf. Das deckt zum einen das Kapitalrisiko, da weniger Geld in ein Objekt investiert werden muss und somit leichter diversifiziert werden kann, allerdings erhöht es die Gefahr des Leerstandes. Kann die betreffende Wohnung oder das Haus nicht vermietet werden, so entsteht ein zusätzlicher Verlust aufgrund der stagnierenden oder sogar rückläufigen Mietsituation in der betreffenden Gegend.

Neben der Fix-and-Flip-Strategie, die kurzfristig, aber auch langfristig ausgeführt werden kann, gibt es eine weitere bekannte Strategie, die Sie als Investor am Immobilienmarkt kennen sollten: die **1/3/10-Strategie**. Hierbei geht es vor allem um die Ausnutzung der steuerlich optimalen Tarife für Ihr Investment. Wichtig ist, dass diese Strategie hauptsächlich von stark wachsenden Immobilienmärkten profitiert, sodass Preissteigerungen im Markt als Voraussetzung für ein Investment gelten sollten. Konzentrieren Sie sich daher auf Standorte mit hoher Immobiliennachfrage, zum Beispiel in Städten und zentralen Orten.

Der erste Teil der 1/3/10-Strategie steht für das erste Jahr, in dem die Immobilie erworben bzw. finanziert wird. Bis zum dritten Jahr sollten nur äußerst notwendige Reparaturen bzw. Instandhaltungen durchgeführt werden, weil ab dem dritten Jahr entsprechende steuerrechtliche Vorteile genutzt werden können. Große Renovierungen sind dann attraktiver für Sie als Investor. Insbesondere sollten Sie dies auch bei der Vermietung berücksichtigen, sodass entsprechende Verträge eine Mietererhöhung nach Ablauf der ersten beiden Jahre möglich macht, da dann renoviert wird. Möglicherweise lässt sich außerdem ein Mieter finden, der nur für zwei Jahre mietet, oder Sie ziehen selbst ein. Durch die anschließende Renovierung lässt sich der Wert des Objekts häufig stark steigern – nicht selten über den Wert des eingesetzten Kapitals. Das hat Auswirkungen auf die Höhe der erzielbaren Miete, die Sie für sich nutzen sollten. Ab dem zehnten Jahr des Immobilienbesitzes ist nun eine steuerfreie Veräußerung möglich, was Ihnen möglicherweise in die Karten spielt, wenn Sie nicht ausschließlich auf passives Einkommen aus sind, welches Sie bestmöglich mit der Buy-and-Hold-Strategie erzielen können.

Den erzielten Gewinn aus der Veräußerung können Sie je nach Veräußerung erneut anlegen oder zur Finanzierung des Lebensunterhaltes nutzen, wenn Sie noch weitere laufende Investitionen haben. Übrigens ist eine steuerfreie Veräußerung bereits nach fünf Jahren möglich, wenn Sie die Immobilie unter anderem selbst bewohnt haben.

WEITERE MÖGLICHKEITEN FÜR EIN PASSIVES EINKOMMEN

Dividendenstrategie

Um den Ansatz dieser Strategie zu verstehen, ist es hilfreich, sich noch einmal vor Augen zu führen, welche Funktion Aktien in ihrer ursprünglichen Form eigentlich haben. Zum einen besteht das Recht, am Unternehmen mitzuwirken, indem auf Mitgliederversammlungen pro Aktie ein Stimmrecht entfällt. Zum anderen entsteht aufgrund des ständigen Handels an der Börse die Möglichkeit, von Kurssteigerungen zu profitieren und so einfache Strategien, wie die Buy-and-Hold-Strategie, mit einem sehr langfristigen Horizont durchzuführen. Allerdings gibt es noch einen dritten Vorteil, der sich aus dem Aktienbesitz ergibt, nämlich die Teilhabe am Gewinn des Unternehmens. Häufig wird dieser Effekt vernachlässigt, weil beispielsweise Aktienfonds thesaurierend agieren, sodass mithilfe der ausgeschütteten Gewinnanteile weitere Fondsanteile erworben werden, anstatt sie an die Aktionäre auszuschütten. Die sogenannte Dividende verliert deshalb in der Finanzwelt und unter modernen Anlegern etwas an Beachtung, das macht sie für Verfolger eines passiven Einkommens allerdings nicht weniger interessant.

Aktiengesellschaften haben die Wahl, wie mit dem erwirtschafteten Gewinn des vergangenen Geschäftsjahres umgegangen wird. Möglicherweise erfolgt eine Reinvestition in das Eigenkapital des Unternehmens, womit zum Beispiel Schulden abbezahlt werden können, sodass die Unternehmung für Krisen besser abgesichert ist. Eine weitere Möglichkeit ist das Tätigen von Investitionen, beispielsweise in neue Maschinen oder in Forschung und Entwicklung. All dies verspricht eine Steigerung des Aktienkurses, da die Aktie nun für Anleger attraktiver wird. Was aber, wenn die Gewinne nicht innerhalb der Unternehmung genutzt werden (oder nur teilweise) und stattdessen mittels Dividende an die Aktionäre ausgeschüttet werden? Dann freuen sich Verfolger einer Dividendenstrategie, die so am Gewinn beteiligt werden. Diese Beteiligung erfolgt anhand des Nennwertes der Aktie, also dem ursprünglichen Anteil am Eigenkapital der Aktiengesellschaft, und nicht, wie viele denken, am gezahlten Preis an der Börse.

Wie funktioniert nun eine Dividendenstrategie? Wichtig ist, dass hierfür einzelne Aktien gehalten werden müssen und man sich nicht beispielsweise auf Aktienfonds oder ETFs konzentrieren kann, denn diese thesaurieren etwaige ausgeschüttete Dividenden. Unternehmen, die Dividenden ausschütten, sind häufig etablierte Unternehmen, die sicher am Markt agieren. Das können unter anderem Marktführer oder andere sehr große Aktiengesellschaften sein. Des Weiteren sollten grundsätzliche Aktienkennzahlen wie die Verschuldungsquote (Fremdkapital im Verhältnis zum Eigenkapital) beachtet werden, um die Sicherheit des erfolgreichen Wirtschaftens in der Zukunft zu gewährleisten. Achten Sie deshalb darauf, dass Sie Vertrauen in die Wirtschaftsleistung des Unternehmens haben und die Branche verstehen.

Welche Unternehmen Marktführer sind, erfahren Sie meist anhand der Leitindizes des jeweiligen Landes oder der Branche. Zusätzlich erhalten Sie dort auch Informationen darüber, wie hoch die ausgeschütteten Dividenden der letzten Jahre waren. Des Weiteren sollten Sie ebenfalls einen Blick auf Dividendenindizes werfen, wie zum Beispiel auf den Div-DAX. In diesem Index sind die deutschen Unternehmen gelistet, welche in den vergangenen Jahren die höchsten Dividenden an die Aktionäre ausgeschüttet haben. Achten Sie auf jährliches Erscheinen des gewählten Unternehmens in diesen Indizes, damit Sie sicher gehen, jährlich Dividenden zu erhalten und eine Strategieänderung seitens der Unternehmensleitung unwahrscheinlich ist.

Ein besonderer Ausläufer der Dividendenstrategie ist die Dividend-Low-5-Strategie. Dabei wird das Portfolio jährlich nach der Dividendenzahlung umgeschichtet – und zwar nach einem exakten Konzept. Es werden jährlich die fünf der zehn dividendenstärksten Unternehmen eines Dividendenindizes, zum Beispiel dem Div-DAX, erworben, die den niedrigsten Aktienkurs aufweisen. Hintergrund ist, dass diese Aktiengesellschaften im vergangenen Jahr hohe Gewinne erzielt haben und diesen Trend im nächsten Geschäftsjahr bestätigen können. Entscheidend ist, dass eine Diversifizierung auf diese fünf Unternehmen erfolgt, falls eines oder zwei nicht wie gewünscht performen.

Schlussendlich stellt sich Ihnen die Frage, wie viel Dividende Sie aus einem Portfolio erwarten können und ob es realistisch ist, nur anhand von Dividenden zu leben. Schließlich kennen Sie nun den Vergleich zum Immobilienmarkt, welcher mit hohen Mieteinnahmen – dafür aber auch mit entsprechenden Instandhaltungskosten – stets Anleger an den Markt lockt. Zunächst ist es notwendig, das Konzept der Dividendenrendite zu verstehen. Anhand dieser Kennzahl erfährt der Investor, wie viel Prozent Dividende im Verhältnis zum aktuellen Kurs von einer Aktiengesellschaft gezahlt wird. Beträgt die Dividendenrendite beispielsweise konstant 5 %, hat der Anleger den damals gezahlten Preis der Aktie nach zwanzig Jahren sozusagen herausgeholt. Das Investment hat sich liquidiert. So können Sie auch sehr einfach errechnen, wie viel Vermögen Sie investieren müssen, um einen bestimmten Betrag an Dividenden jährlich zu erhalten. Möchten Sie beispielsweise jährlich 20.000 Euro allein aus Dividendenzahlungen erhalten und beträgt die Dividendenrendite 4 %, muss der Wert Ihres aktuellen Portfolios 500.000 Euro betragen. Die zugehörige Rechnung lautet: 20.000 Euro / 0,04 = 500.000 Euro. Vorteilhaft sind dabei vor allem stark wachsende Aktien, wie sie bei der Dividend-Low-5-Strategie anvisiert werden.

Das liegt vor allem daran, dass die Dividendenrendite sich prozentual kaum ändert, dafür aber der aktuelle Preis, den Anleger für eine Aktie bezahlen müssen. So lässt sich Ihre Dividendenrendite jährlich steigern, wenn ebenfalls der Wert der Aktie steigt. Für ein sorgenfreies Leben in finanzieller Freiheit werden dann allerdings noch weitere passive Einnahmequellen notwendig sein, wie zum Beispiel aus Immobilien oder den weiteren Möglichkeiten, die ich Ihnen im Folgenden vorstelle.

Trading

Trading lässt sich nur teilweise zu passiven Einkommensarten zählen, da zum Erzielen von Gewinnen eine deutlich größere Basis an Wissen als bei vergleichbaren Einkommensarten notwendig ist und zugleich auch weiterhin der Einsatz von Zeit benötigt wird. Aus diesen Gründen stelle ich den Kerngedanken des Tradings nur kurz vor, damit Sie dennoch die Möglichkeit geboten bekommen, das große Potenzial dieser Anlagestrategie zu erkennen.

Grundsätzlich kann Trading als eine Möglichkeit des reinen Vermögensaufbaus betrachtet werden, weshalb ich es bereits im vorangegangenen Abschnitt thematisiert habe. Das Portfolio von Mark bestand unter anderem daraus, Gewinne aus dem Tradingbereich in eine erste Möglichkeit für ein passives Einkommen umzuschichten. Das funktioniert so gut, weil bei entsprechendem Aufwand und Kapitaleinsatz monatliche Gewinne entstehen, die anschließend für neue Investitionen verwendet werden können. Vor allem die Liquidität ist dabei von kurzer Dauer, weshalb das Jahr nicht mehr nur eine, sondern je nach Aufwand mehrere Zinsperioden hat, die sich aufaddieren lassen. Erwirtschaftete Gewinne des ersten Monats werden im zweiten Monat eingesetzt und sorgen bei identischem prozentualem Einsatz an Investitionskapital für stetig steigende, absolute Renditen.

Was würde passieren, wenn Mark die Gewinne nicht abschöpfen, sondern weiterhin damit traden würde? Die Antwort ist einfach: Die Einsätze steigen enorm, damit aber auch das Gewinn- und Verlustrisiko. Nehmen wir beispielhaft an, Mark erzielt monatlich eine Rendite von 5 % durch Trading. Dafür opfert er viel Zeit und Kraft, die er eigentlich in andere Projekte stecken könnte, wie zum Beispiel in einen klassischen Nebenjob auf 450-Euro-Basis. In den ersten Monaten lohnt sich der Aufwand nicht, der notwendig ist, um ausreichend Erfahrung zu sammeln und um 5 % Rendite zu generieren. Nach dem ersten Monat steht Mark bei gerade einmal 315 Euro (300 * 1,05), zahlt weitere 300 Euro monatlich ein und schafft es so innerhalb eines Jahres auf 5.013,89 Euro bei 3.600 Euro eingesetztem Kapital. *Klingt viel?* Das ist es nicht, denn es steht ein enormer Zeitaufwand für das Trading und die Weiterbildung dahinter.

Schätzungsweise bis zu 20 Stunden pro Woche müssen investiert werden, damit als Anfänger Renditen in dieser Höhe erzielt werden können – und das über ein gesamtes Jahr. Innerhalb von 56 Wochen * 20 Stunden Arbeitszeit pro Woche entstehen somit 1120 Stunden Arbeit, die bei einer Vergütung mit einem Mindestlohn von 9,60 Euro pro Stunde 10.752 Euro wert ist. Im Vergleich zu den erzielten 1.413,89 Euro Gewinn klingt das wie eine andere Welt, doch es handelt sich lediglich um die Mindestvergütung.

Gehen wir im Folgenden davon aus, dass Mark seine Rendite von 5 % konstant halten kann und somit sein Investitionskapital für das Trading um monatlich 300

Euro Einzahlung sowie 5 % Rendite steigert. Über einen Zeitraum von drei Jahren, also 36 Zinsperioden, entsteht somit ein Gesamtkapital von 30.188,44 Euro (davon Rendite: 19.388,44 Euro). Sie bemerken, dass sich das Trading auch jetzt noch nicht lohnt, denn mit Mindestlohn hätte Mark zu diesem Zeitpunkt 10.752 Euro * 3 = 32.256 Euro verdient – und das ohne Kapitaleinsatz. Langsam wird es interessant, denn wir erhöhen die Zeitspanne auf insgesamt sechs Jahre.

Der Zinseszins kann sich nun richtig entfalten und das im Trading eingesetzte Kapital für die Positionsgrößen ist entsprechend hoch. Ausgeglichen werden kann ein solcher Kapitaleinsatz nur durch entsprechende Erfahrung, die Mark mittlerweile vorweisen kann. Das Gesamtkapital, welches sich monatlich um stets 5 % erhöht, beträgt nun 205.034,35 Euro (Rendite: 183.434,35). Spätestens jetzt ist klar, dass eine Bezahlung auf Basis von Mindestlohn keine Rechtfertigung mehr ist: Trading ist lukrativer.

Möglicherweise fragen Sie sich nun, was eine Arbeitszeit von 20 Stunden pro Woche mit einem passiven Einkommen zu tun hat. Die Idee ist, auf dem Weg zur finanziellen Freiheit die eigene Arbeit zu reduzieren und gleichzeitig stets in der Lage zu sein, selbstständig und unabhängig Geld zu verdienen. Insofern kann das Trading dazu beitragen, diesen Schritt zu erreichen – vor allem dann, wenn bereits ausreichend Startkapital vorhanden ist. Das ist der Fall, wenn von der Phase des Vermögensaufbaus in die Phase des passiven Einkommens gewechselt wird.

Ich kann Ihnen daher nur ans Herz legen, sich frühzeitig mit dem Thema Trading auseinanderzusetzen und die Chancen und Risiken zu begreifen. Hierbei handelt es sich zwar um eine Modellrechnung, doch mithilfe des Einsatzes von enormer Arbeitszeit sind genannte Summen durchaus realistisch, wenn entsprechende Risiken akzeptiert werden. Zur Veranschaulichung: Um einen Kapitalstock von nach sechs Jahren mehr als 200.000 Euro um 5 % zu erhöhen, das bedeutet 10.000 Euro Rendite innerhalb eines Monats zu erzielen, sind Einsätze in Höhe von 5.000 bis 10.000 Euro keine Seltenheit. Zwar begrenzt die Stop-Loss-Marke stets den möglichen Verlust, aber innerhalb weniger Stunden mehr als 1.000 Euro zu verlieren, muss erst einmal verkraftet werden, auch wenn wieder bessere Zeiten kommen. Zum Trading gehört stets ein entsprechendes Mindset, welches über das in diesem Buch vorgestellte Money Mindset hinausgeht.

Alternative Konzepte

Ein passives Einkommen muss nicht auf den in diesem Kapitel erläuterten Grundsätzen des Kapitalmarktes beruhen. Bisher haben wir uns vor allem Möglichkeiten gewidmet, wie ein passives Einkommen aus einem großen Kapitalstock heraus entstehen kann. Allerdings gibt es noch weitere, alternative Konzepte, wie Sie regelmäßig Einkommen generieren können, ohne dass Sie in derselben Periode Arbeit leisten müssen.

Online-Business

Das Internet hält täglich neue Überraschungen für Investoren bereit und ist längst fester Bestandteil eines jeden Alltags. Naheliegend ist es daher, sich die Vorteile der Schnelllebigkeit zunutze zu machen und ein eigenes Business aufzubauen. Besonders vorteilhaft ist die Ortsunabhängigkeit und somit die Ungebundenheit des Internets an die persönliche Lebenssituation. Eine entscheidende Voraussetzung für das passive Einkommen.

Zunächst benötigt man eine Geschäftsidee. Typische Online-Business verkaufen Waren aus allen möglichen Bereichen, zum Beispiel Kleidung oder Drogerieartikel, und nutzen dafür Amazon FBA. FBA steht für Fulfillment by Amazon, sodass Amazon die Lagerung, die Verpackung und den Versand übernimmt. Sie als Manager des Online-Business sind dafür verantwortlich, entsprechende Waren einzukaufen (Sie tragen also das Risiko), sowie für das Design der Website und für eine entsprechende Bewerbung der Artikel. Klingt einfacher als es ist, denn insbesondere am Anfang des Business kommt eine Menge Arbeit und teilweise auch ein hoher Einsatz an Startkapital auf Sie zu. Hat sich das Business erst einmal etabliert, läuft das System jedoch von ganz allein bzw. Sie sind in der Lage, entsprechende Mitarbeiter einzustellen, falls das notwendig sein sollte.

Außerhalb von Amazon steht Ihnen auch die Möglichkeit offen, Ihr Online-Business mit Wissen zu füllen. Dafür bieten sich vor allem E-Books, Tutorial-Videos oder Onlinekurse an. Diese müssen hergestellt und überarbeitet werden. Solange Sie jedoch aktuell sind, lassen Sie sich ohne weiteren Aufwand über Websites verkaufen – ein waschechtes passives Einkommen also. Weitere Ideen für Ihr Online-Business sind unter anderem digitale Produkte wie Musik oder Fotos, aber auch Apps oder Erweiterungen eignen sich hervorragend zum Onlineverkauf. Die Voraussetzung dafür ist allerdings, dass Sie entweder selbst die nötige Expertise besitzen oder finanziell in der Lage sind, Experten zu beschäftigen und so Ihr eigenes Business als Investor aufzubauen.

Privatkredite

Eine Schnittstelle zwischen Anlageform zum Vermögensaufbau und passivem Einkommen stellen Privatkredite dar. Das Internet ermöglicht neben einem Online-Business noch weitere Möglichkeiten, passiv Geld zu verdienen. Sogenannte P2P-Kredite werden von Privatpersonen an andere Privatpersonen ausgestellt und versprechen hohe Renditen. Der Schlüssel ist, dass aufgrund der unkomplizierten Weitergabe von Fremdkapital ohne den Einfluss von Banken eine Menge Kosten eingespart werden, die bei herkömmlichen Kreditvergaben nicht vermieden werden können. So entstehen Renditen von bis zu 10 % auf einzelne Projekte, die Sie als Fremdkapitalgeber unterstützen können.

Aber auch hierbei gilt das Investitionsdreieck: Je länger die Laufzeit und je höher das Risiko, desto höher sollte auch die erzielbare Rendite sein. Üblich sind kurze Laufzeiten von unter einem Jahr, noch dazu steigen die Renditen teils über 10 % an. Das liegt daran, dass das Ausfallrisiko der Rückzahlung entsprechend hoch ist. Kreditnehmer auf P2P-Plattformen unterlaufen ähnlich wie bei Banken einem Bonitätscheck, nur dass diese hier nicht abgelehnt werden. Ist die Bonität schlecht, sind die Zinsen entsprechend höher – bei Banken würden diese Kreditnehmer allerdings gar kein Investitionskapital erhalten.

So ergibt sich, dass Sie als Fremdkapitalgeber Ihr Geld gut diversifizieren sollten, damit die möglichen Verluste gering gehalten werden. Langfristig entsteht so eine gute Möglichkeit für passives Einkommen, unter der Voraussetzung, dass ausreichend Investitionskapital vorhanden ist. Die durchschnittliche Jahresrendite bei sehr guter Diversifizierung über verschiedene Kreditnehmer sowie verschiedene P2P-Plattformen kann 15-20 % übersteigen, sodass ab bereits 100.000 Euro Startbudget 20.000 Euro Rendite im Jahr entstehen können.

Zu guter Letzt möchte ich allerdings nicht unerwähnt lassen, dass das in Privatkredite investierte Kapital nicht von der Einlagensicherung per Gesetz geschützt ist. Sollten alle Zahlungen gleichzeitig ausfallen (bzw. die P2P-Plattformen zahlungsunfähig sein), haben Sie keinen Anspruch auf Rückzahlung des investierten Kapitals.

Affiliate-Marketing

Der Begriff Affiliate-Marketing klingt kompliziert, doch die Praxis dahinter ist denkbar einfach. Bei diesem Konzept zum Aufbau eines passiven Einkommens wird das Schalten von Werbung auf viel besuchten Websites genutzt. Voraussetzung dafür ist, dass Sie im Besitz einer entsprechenden Website sind, die hohe Besucherzahlen generieren kann. Das können Sie unter anderem durch die Vermittlung von Wissen per Ratgeber oder Praxistipps erreichen.

Des Weiteren besteht auch die Möglichkeit, Produkte oder Restaurants zu testen und Bewertungen abzugeben. Durch einerseits Klickzahlen und andererseits Links auf die beworbenen Produkte lässt sich Geld verdienen, denn Sie erhalten aufgrund des Affiliate-Links eine prozentuale Provision vom Verkaufspreis. Weitere Ideen für gutbesuchte Websites sind Blogs, die unter anderem vom Alltag, von Urlauben oder von besonderen Erfahrungen handeln können. Suchen Sie sich Ihre Nische und bilden Sie eine Website, die Nutzer nur so magisch anzieht.

Übrigens: Möglicherweise lässt sich Ihr Erfolg durch die Nutzung von weiteren Sprachen vergrößern. Das bedeutet, dass die Seite zunächst eine englische Variante benötigt, aber auch Spanisch und Russisch sind Sprachen, die in weiten Teilen der Welt gesprochen werden. Eventuell lohnt sich nach einiger Zeit die Anstellung professioneller Übersetzer, wenn die Seite gut läuft?

Vermeiden Sie diese 7 Fehler bei Investitionen

Dieses Kapitel dient der Aufklärung und Zusammenfassung der vorangegangenen Kapitel. Ziel ist es, Sie auf die häufigsten Fehler im Umgang mit Investitionen am Kapitalmarkt hinzuweisen und Sie so davor zu bewahren, viel Geld zu verlieren. Es stimmt zwar, dass man aus Fehlern lernt, aber manche sollte man besser nicht selbst erfahren. Ich werde Ihnen dabei helfen, bereits vorher den Ausgang von typischen Fehlern vorherzusagen, sodass Ihnen große Verluste erspart bleiben. Weiterhin ist mir wichtig, dass Sie sich dieses Kapitel nach einiger Zeit erneut anschauen, vor allem dann, wenn sich eine Routine für Sie eingespielt hat. Sie investieren passiv, erhalten womöglich bereits die ersten passiven Einkommen und die Entwicklung scheint stets positiv zu verlaufen. Werfen Sie dann einen erneuten Blick in dieses Buch und erinnern Sie sich an die Basics, die niemals vernachlässigt werden dürfen.

1. Fehlende Langfristigkeit

Passive Investitionen am und um den Kapitalmarkt entfalten ihr Potenzial stets nur mit entsprechend langfristigen Perspektiven. Damit sind vor allem Aktien, Aktienfonds, ETFs und weitere Strategien gemeint, die keine Umschichtung des Portfolios innerhalb kurzer Zeit beabsichtigen, wie es zum Beispiel beim Trading der Fall ist. Stellen Sie sich daher darauf ein, geduldig zu sein, und versuchen Sie, nicht ständig die aktuelle Kursentwicklung zu überprüfen – ändern können Sie daran nichts.

Deshalb empfehle ich, nicht öfter als einmal pro Monat auf die Entwicklungen von Aktienfonds und ETFs zu schauen. Bei Aktienstrategien, wie beispielsweise der Value-Investing-Strategie, ist eine häufigere Überprüfung notwendig, da auf aktuelle Gegebenheiten möglicherweise reagiert werden muss und das Portfolio entsprechend umgeschichtet wird. Das Halten einzelner Aktien ohne entsprechende Diversifizierung benötigt die meiste Aufmerksamkeit im Vergleich zu anderen Anlagestrategien, da aufgrund des hohen unternehmensspezifischen Risikos, zum Beispiel durch schwache Gewinnprognosen, Skandale oder Gerichtsurteile, der Aktienkurs starken Schwankungen ausgesetzt ist.

2. Fehlende Diversifikation

Um das eben angesprochene unternehmensspezifische Risiko so gering wie möglich zu halten, ist ausreichende Diversifikation das A und O. Nur so können Sie durchschnittlich von der Marktentwicklung profitieren und sind nicht von der Wirtschaftsleistung einer einzigen Aktiengesellschaft abhängig. Das Marktrisiko allein ist aufgrund von möglichen Finanzkrisen nicht diversifizierbar, weshalb sich Ihr Fokus auf das unternehmensspezifische Risiko bezieht. Lesen Sie dazu ruhig noch einmal im entsprechenden Kapitel dieses Buches „So erkennen Sie eine gute Investition“ über die drei Säulen von Investitionen nach.

3. Sich von Emotionen leiten lassen

Zu häufiges Überprüfen des Aktienkurses kann Ihre Einstellung und die Langfristigkeit der Investition gefährden, weil Sie sich selbst verrückt machen. Der Trick ist, am Aktienmarkt entspannt zu bleiben und so auf gute Situationen mit entsprechenden Preisen zu warten. Das spiegelt sich auch auf dem Immobilienmarkt oder im Alltag wider.

Emotionen sollten keine Rolle dabei spielen, wie viel Geld Sie für ein Produkt zu zahlen bereit sind. Lohnt sich der Kauf, schlagen Sie zu, lohnt er sich nicht, lassen Sie Ihre Finger davon – es findet sich schon bald ein neues Investitionsprojekt. Das Kapitel „Money Mindset“ dieses Buches kann Ihnen dabei helfen, zielt allerdings vor allem darauf ab, Ihnen zu erläutern, weshalb der Besitz von viel Geld für Sie und für die Gesellschaft positive Auswirkung haben kann.

4. Zu stark auf äußere Einflüsse reagieren

Lassen Sie sich in Ihren Vorhaben nicht beeinflussen. Zum einen gilt das für Aktienkurse und damit verbundene Strategien. Es gibt eine große Fülle an Einflussfaktoren auf Aktien, die bestimmen, wie sich der Aktienkurs entwickelt. Dazu gehören neben wirtschaftlichen Veränderungen auch politische Entscheidungen, die Stimmung am Markt, das Zinsniveau, Jahreszeiten, Hypes und Trends. Die Aktienkurse beinhalten all diese Informationen und bilden darauf aufbauend den Aktienchart. Zum anderen wirken äußere Einflüsse auf Sie durch die Geschehnisse abseits des Kapitalmarkts. Ihr persönliches Umfeld, eine mögliche Veränderung Ihrer privaten Lebenssituation oder berufliche Auf- und Abstiege – all das sind Faktoren, die Sie in Ihrem Vorhaben in Richtung finanzielle Freiheit beeinflussen können und werden. Die Kunst ist es, darüber hinwegzusehen und sich nicht vom eigenen Weg abbringen zu lassen. Es ist Ihre Vision – lassen Sie sich da nicht hereinreden.

5. Keine Grenzen überschreiten

Wenn finanzielle Freiheit oder Vermögensaufbau ganz einfach wäre, hätte jeder in unserer Gesellschaft eine Menge Kapital angehäuft und keiner müsste mehr arbeiten. Machen Sie deshalb nicht den Fehler und denken, dass Ihnen das Vermögen in den Schoß geflogen kommt. Vermögensaufbau gelingt nur mithilfe strenger Disziplin, ständiger Ausgabenminimierung und stetiger Einkommenserweiterung.

Dies gelingt, wenn in gewissen Situationen die eigene Komfortzone verlassen wird und Sie über den Tellerrand hinausblicken. Insbesondere meine ich damit Veränderungen im Berufsleben, Experimente in der Ausgabeneinteilung und auch eine Erweiterung der Strategie zum Vermögensaufbau. In diesem Buch habe ich Ihnen einige Mittel und Wege vorgestellt, wie Sie Ihr Leben in Richtung finanzielle Freiheit verändern können. Probieren Sie mit geringen Summen neue Anlagestrategien aus und wägen Sie für sich ab, ob das Risiko tragbar ist. Veränderungen muss man sich leisten können – und genau das ist der Punkt, an dem Sie als Investor ansetzen sollten.

6. Fehlende Weiterentwicklung

Dieser Fehler geht Hand in Hand mit dem Blick über den Tellerrand aus dem eben erläuterten Fehler. Zwar ist eine Erweiterung des Horizonts notwendig, um große Ziele erreichen zu können, allerdings gelingt dies nicht, wenn Sie sich nicht stets selbst weiterbilden. Die Ausbildung des Humankapitals bezüglich Ihres Jobs ist dabei das notwendige Fundament. Eine Wissenserweiterung im Thema rund um Finanzen, Kapitalmarkt, Aktienmarkt, Immobilienmarkt und weitere passive Einkommensquellen gehört allerdings ebenfalls dazu, damit das Fundament ausgebaut wird. Aus dem Hamsterrad aussteigen können Sie erst dann, wenn sich Ihr Wissenshorizont kontinuierlich in verschiedene Richtungen ausbreitet und Sie auf mehreren Gebieten sicher im Umgang mit Finanzen sind.

7. Ungeeignete Kostenstruktur

Portfolios bestehen aus unterschiedlichen Anlageklassen und enthalten somit auch verschiedene Finanzprodukte, die allesamt andere Kostenstrukturen aufweisen. Sie wissen, dass ETFs im Vergleich zu Aktienfonds die kostengünstigere Basis Ihres Portfolios darstellen, dafür allerdings auch geringfügig weniger Rendite versprechen. Ihr Ansprechpartner für ETFs sollte daher ein anderer als für Aktienfonds sein, denn Onlinebroker haben sich oftmals auf bestimmte Bereiche fokussiert.

Es existiert kein Marktführer, der den Handel mit allen Finanzprodukten am kostengünstigsten anbietet. Überlegen Sie sich deshalb, wie Sie die Kostenstruktur Ihres Portfolios durch clevere Wahl des Anbieters optimieren können. Für Aktienstrategien werden häufig Broker mit geringen Kosten je Aktienkauf empfohlen, gute ETF-Anbieter zeichnen sich durch kostenfreie Sparplan-Angebote aus. Setzen Sie in Ihrem Businessplan insbesondere auf Trading, kann ein Broker mit Flatrate die richtige Entscheidung sein. Ihnen sollte stets bewusst sein, dass sich die anfallenden Kosten für Ihr Portfolio direkt auf die Rendite auswirken und diese so reduzieren.

Deshalb werden Sie durch Glücksspiel nicht reich

In diesem Kapitel widmen wir uns der Frage, ob es möglich ist, mit Glücksspiel reich zu werden. Glücksspiele zählen längst zu wichtigen Einnahmequellen für den deutschen Staat, da die betreffende Steuer auf Glücksspiele sehr hoch ist und die Unternehmen enorme Gewinne erzielen. Dazu zählen Casinos, Onlinecasinos, Sportwettenanbieter, Lotterien und weitere Anbieter von Glücksspielen, die den Spielern hohe Gewinnmöglichkeiten bieten.

DIE KALKULATION HINTER CASINOS UND SPORTWETTEN

Betrachtet man Glücksspielanbieter als reine Unternehmen, die am Markt bestehen müssen, fällt schnell auf, dass keine dieser Firmen darauf ausgelegt ist, den Spielern zu Reichtum zu verhelfen, sondern nur sich selbst zu dienen. Und das ist auch notwendig, denn die Glücksspielbranche ist hart umkämpft. Ausgenommen der staatlichen Lotterie agieren beispielsweise Onlinecasinos und Sportwettenanbieter, die als führender Zweig in der Glücksspielbranche gelten, an einem nahezu vollkommenen Markt, das heißt, es gibt vollständige Konkurrenz. Markteintritte sowie Marktaustritte sind jederzeit möglich, es kann stets neue Konkurrenten geben, die übrig gebliebene Gewinnmöglichkeiten sofort ausschöpfen.

Als Konsequenz ergibt sich für jedes am vollkommenen Markt agierende Unternehmen: Es muss im Gewinnmaximum wirtschaften. Handelt ein Unternehmen in der umkämpften Onlinecasino- oder Sportwetten-Branche nicht mit gewinnmaximaler Absicht, wird es auf kurze oder lange Sicht aus dem Markt verdrängt. Einen solchen Markt finden wir hier vor. Es gibt unzählige Sportwettenanbieter, egal, ob online oder physisch mit Laden, im Fernseher und mit Barauszahlungen der Gewinne. Ähnlich ist das bei Onlinecasinos, wo zwar Marktführer erkennbar sind, allerdings auch diese am Gewinnmaximum agieren müssen, um die Position zu halten. Als Folge dieser Marktsituation ergibt sich, dass die Glücksspielanbieter, die am vollkommenen Markt agieren, ihren Spielern nichts schenken können, auch wenn sie es wollten. Jede Werbeaktion, jedes Sonderangebot und jede Gratiswette erfolgt mit dem Kalkül, in Zukunft mehr Gewinn zu erzielen – und das setzt voraus: Je mehr abgeschlossene Wetten, desto mehr Gewinn.

Bei Casinos und Automatencasinos ist es kein Geheimnis, dass mehr Spielen zu mehr Gewinnen für die Betreiber führt. Das liegt am natürlichen Gewinnkalkül, welches sich bei allen Spielen nachweisen lässt. Beispielsweise das klassische Roulette zeigt offensichtlich, dass die Chancen für den Sieg nicht 50:50 stehen. Die 37. Zahl ist eine 0, bei der immer verloren wird, wenn auf rot oder schwarz gesetzt wird. Auf diese Weise garantiert sich das Casino einen Gewinn, der durch pro Spiel anfallende Gebühren noch erhöht werden kann. Stehen die Chancen pro Spiel wirklich 50:50, werden Sie nicht ohne das Zahlen einer Gebühr spielen können.

Bei Automaten ist die Rechnung noch einfacher, denn diese werden nicht danach programmiert, die Spieler reich zu beschenken – schließlich sollen sie Einnahmen erzielen. Die Frage ist nun, ob dasselbe auch für Sportwetten gilt, denn da hat der Spieler immerhin das Glück in der eigenen Hand, oder nicht? Die Antwortet laut wie immer: Nein. Sportwetten funktionieren nach dem Prinzip, dass beispielsweise auf ein Fußballspiel anfangs die Quoten durch die Buchmacher der Betreiber vorgegeben werden. Verändert werden diese dann durch die Wetten der Spieler, sodass eine Wette auf die Heimmannschaft deren Quote für die anderen Spieler verringert. Es entsteht ein Anreiz, auf die Auswärtsmannschaft zu tippen, denn die Quote ist nun im Verhältnis leicht gestiegen. Schlussendlich denkt der Spieler, er muss nur die richtigen Mannschaften auswählen, was mit dem eigenen Fußballsachverstand kein Problem sein sollte, doch so einfach ist es nicht. Auch die anderen Tipper verfügen über genug fußballerischen Sachverstand, sodass sich das eigene Wissen nicht von den übrigen Spielern abhebt.

Eine Ausnahme bildet stets Insiderwissen, wie zum Beispiel, dass Sie als Einzelperson zuerst von der Verletzung eines wichtigen Spielers erfahren und so auf die Gegenmannschaft tippen können (für eine anfangs noch hohe Quote). Da dieses Wissen allerdings alle Spieler nahezu gleichzeitig erhalten, ist es für den Einzelnen unmöglich, entsprechend darauf zu reagieren. Da sich daraus ergibt, dass sich kein Spieler einen Vorteil gegenüber einem anderen Spieler erarbeiten kann, schlägt die vom Wettanbieter verlangte Wettgebühr vollständig zu. Pro Wette wird eine Gebühr von etwa 5 bis 10 % des Einsatzes verlangt, die entweder extra ausgewiesen ist oder durch eine Verringerung der Quoten im Vergleich zu anderen Wettanbietern eingepreist wird.

Jede aufgegebene Wette bringt dem Anbieter demnach den Gewinn in Höhe der Wettgebühr, da nicht alle Spieler auf den korrekten Ausgang des Spiels getippt haben, sondern nur einige. Aufgrund der geringen Quote auf Sieg der favorisierten Mannschaft, nachdem bereits viele Spieler auf diese Mannschaft getippt haben, entstehen Anreize, auf die andere Mannschaft zu tippen, da die Quote enorm steigt. Die Spieler gleichen sich gegenseitig aus und der Wettanbieter kassiert unter dem Strich die angefallene Wettgebühr – egal, ob direkt ausgewiesen oder durch geringere Quoten ausgedrückt.

Die Frage, warum Sie durch Glücksspiel wahrscheinlich nicht reich werden, ist damit allerdings noch nicht abschließend geklärt. Was ist, wenn Sie einfach immer Glück haben und stets auf die richtige Mannschaft setzen? Oder immer die korrekte Farbe beim Roulette auswählen? Oder noch simpler: Einmal alle 6 aus 49 richtigen Zahlen im Lotto ausgewählt haben? Sie liegen richtig mit der Annahme, dass diese Szenarien durchaus eintreten können. Einfache Statistik zeigt allerdings bereits beim Roulettespielen, dass es äußerst unwahrscheinlich ist, zehnmal hintereinander zu gewinnen.

Gehen wir vereinfacht davon aus, die Wahrscheinlichkeit für die richtige Farbe betrüge 50 %, sodass das 37. Feld mit der Null hier einmal ausgeklammert wird. Ihre Chancen stehen damit besser als im echten Spiel. Sie setzen nun immer abwechselnd auf rot und schwarz, jedes Mal beträgt die Wahrscheinlichkeit 50 %, dass Sie gewinnen. Dann liegt die Wahrscheinlichkeit bei 0,5 * 0,5 * 0.5 = 0,5 ^ 3 = 0,125 = 12,5 %, dass Sie dreimal hintereinander gewinnen. Bei zehn Versuchen beträgt die Wahrscheinlichkeit demzufolge 0,5 ^ 10 = 0,000976, das entspricht 1:1024. *Logisch, wenn Sie wirklich zehnmal gewinnen, haben Sie bei jedem Versuch Ihren Einsatz verdoppelt und eine geringe Gebühr gezahlt, aber sind Sie nun reich?* Das kommt wohl darauf an, wie viel Geld Sie eingesetzt haben, ob Sie weiterspielen und ob Sie in Zukunft noch weiterspielen werden.

Bei 20 Versuchen beträgt die Wahrscheinlichkeit für stetige Gewinne übrigens 0,5 ^ 20 = 0,000000954, das entspricht 1:1.048.576. Das bedeutet, dass es nur bei einem von 1.048.576 Versuchen vorkommt, dass jemand bei 20 50:50-Spielen jedes Mal gewinnt bzw. verliert. Dasselbe Gewinnkalkül gilt übrigens auch bei Sportwetten für 2,0-Quoten, wobei hier allerdings die teils hohe Gebühr bereits einberechnet ist. Es ist nicht abschließend geklärt, ob die Eintrittswahrscheinlichkeit von 2,0-Quoten wirklich 50 % beträgt, denn die Ergebnisse unterliegen starken Schwankungen. Auf lange Sicht haben Spieler ohne Vorteil, also ohne Insiderwissen, keine

Chance, sich gegen die stets anfallenden Gebühren gewinnbringend durchzusetzen.

AUS DIESEN GRÜNDEN BLEIBEN LOTTOGEWINNER OFT NICHT REICH

Die staatliche Lotterie erzeugt jährlich Gewinne in Millionenhöhe. Das liegt am eben erläuterten Gewinnkalkül der Unternehmung, welche Gebühren auf die Gewinnwahrscheinlichkeit aufschlägt. Dass ein Millionengewinn beim bekannten Spiel 6 aus 49 sehr unwahrscheinlich ist, werden Sie vermutlich wissen. In Zahlen ausgedrückt beträgt die Gewinnchance für alle sechs richtigen Zahlen 1:15.537.573, inklusive Superzahl verringert sich diese Wahrscheinlichkeit noch einmal drastisch auf 1:139.838.160. So oft müssten Sie jeweils spielen, um statistisch gesehen einmal das richtige Los ausgewählt zu haben. In diesem Abschnitt soll es jedoch weniger darum gehen, wie unwahrscheinlich ein Lottogewinn in Millionenhöhe ist, sondern darum, weshalb Lottogewinner häufig nicht reich bleiben. Was sind die Gründe dafür, dass plötzliche Millionäre nicht mit ihrem Reichtum umgehen können?

Allein der Fakt, dass der Lottogewinner Lotto gespielt haben muss, um gewonnen zu haben, deutet darauf hin, dass derjenige nicht mit Geld umgehen kann. Egal, ob reich oder arm, Lottospielen führt statistisch gesehen nicht zum Erfolg, denn Reiche können ihr Geld als passive Einnahmequelle anlegen und Ärmere benötigen das vorhandene Kapital dringend, um alltägliche Ausgaben tätigen zu können. Zunächst überschätzen Lottogewinner häufig die eigene Gewinnsumme. Eine Million Euro ist zweifelsohne eine hohe Zahl, doch Sie haben im Kapitel über passive Einkommensstrategien, unter anderem in Bezug auf die Dividendenstrategie, bemerkt, dass ein enorm großer Kapitalstock notwendig ist, um vom passiven Einkommen leben zu können.

Eine Million Euro, investiert beispielsweise in Immobilien oder Aktien, reichen zwar aus, um nicht mehr arbeiten zu müssen, allerdings nicht für ein Leben auf einer Jacht an der Côte d'Azur. Wichtig ist deshalb, dass das gewonnene Geld entsprechend investiert wird, um es weiterhin zu vermehren. Erlangt man im jungen Alter eine so große Summe an Kapital, stehen einem alle Türen offen, seinen Reichtum innerhalb kurzer Zeit auszubauen, da bereits enorme Summen als Startkapital vorhanden sind. Ziel sollte es daher immer sein, passive Einkommensquellen zu nutzen, wenn eine große Menge Geld gewonnen wurde.

Problematisch wird es häufig auch deshalb, weil sich der Konsumstandard der Gewinner an ein neues Level anpasst. Dieses Niveau kann auf lange Sicht nicht gehalten werden, denn die Fixkosten erhöhen sich schnell auf mehrere Tausend Euro pro Monat, wenn teure Autos oder Wohnungen gemietet werden. Die Instandhaltung ist keine kurzfristige Ausgabe, sondern bleibt über die gesamte Laufzeit des Besitzes bestehen. Wichtig ist daher, sich vor der Anschaffung deutlich zu machen, wie viel das Produkt über die gesamte Nutzungsdauer kostet und ob es darauf aufbauend wirklich leistbar ist. Oftmals wird die langfristige Betrachtung hierbei vergessen. Zu guter Letzt ist es noch notwendig, anzumerken, dass auf Lottogewinne aus dem Ausland häufig Steuern anfallen. Während deutsche Lottogewinne steuerfrei sind, ist Vorsicht bei bekannten Lotterien wie der spanischen Weihnachtslotterie oder der US-amerikanischen Powerball-Lotterie geboten. Die Höhe der Steuer kann zwischen 20 und 40 % betragen, je nachdem, in welchem Land und teilweise sogar in welchem Bundesstaat das Los erworben wurde.

Workbook zur Wiederholung

Das Beste kommt bekanntlich immer zum Schluss und so ist es auch in meinem Buch. In diesem Kapitel stelle ich Ihnen ein Workbook zur Verfügung, mit welchem Sie Ihr Wissen überprüfen können. Gestellt werden zehn unterschiedliche Fragen, die sich ausschließlich auf die in diesem Buch behandelten Themen konzentrieren. Mithilfe der zu erreichenden Punkte können Sie abschätzen, wie umfangreich oder schwierig eine Frage ist, sodass Sie Ihre Antworten entsprechend anpassen können. Im Anschluss an jede Frage erhalten Sie Platz zur Beantwortung, an dessen Umfang Sie sich ebenfalls orientieren können. Die Kurzlösungen finden Sie im Anschluss an diesen Abschnitt. Und übrigens: Nachschauen ist erlaubt. Ich lege keinen Wert darauf, Definitionen oder sonstiges Wissen auswendig im Kopf parat zu haben. Wirklich wichtig ist, zu wissen, wo Sie die Antwort im Buch finden. Wenn Sie möchten, können Sie auch andere Bücher oder das Internet zur Beantwortung der Fragen heranziehen.

FRAGENKATALOG

Single Choice:

Richtig oder falsch? Berichtigen Sie die von Ihnen als falsch gekennzeichneten Statements.

	Richtig	Falsch	Punkte
1. Regelmäßiges Einkommen zählt zu den vier Säulen der finanziellen Freiheit. *Berichtigung:*			/ 2
2. Ihr Einstiegsgehalt sollte möglichst niedrig sein, damit genügend Spielraum für Gehaltserhöhungen bleibt. *Berichtigung:*			/ 2
3. Fondsmanager gehören zu den bestbezahlten Berufsgruppen. *Berichtigung:*			/ 2
4. Aktienfonds werden passiv verwaltet und erzielen in etwa die Marktrendite. *Berichtigung:*			/ 2

5. Dividenden sind Gewinnbeteiligungen, die jährlich auf Grundlage des vom Aktionär gezahlten Preises ausgeschüttet werden. *Berichtigung:*			/ 2

Offene Fragen:

6. Wodurch kennzeichnet sich passives Einkommen? (/ 3)

7. Wie errechnen Sie den Rendite-Erwartungswert eines Portfolios? (/ 3)

8. Erklären Sie CFDs. (/ 3)

9. Welche drei Säulen kennzeichnen eine gute Investition? (/ 3)

10. Nennen Sie drei typische Fehler, die Sie am Kapitalmarkt vermeiden sollten. (/ 3)

Erreichte Punktzahl	/ 25 Punkte

KURZLÖSUNGEN

	Richtig	Falsch
1. Regelmäßiges Einkommen zählt zu den vier Säulen der finanziellen Freiheit.	x	
2. Ihr Einstiegsgehalt sollte möglichst niedrig sein, damit genügend Spielraum für Gehaltserhöhungen bleibt. *Berichtigung: Ihr Einstiegsgehalt sollte möglichst hoch sein, da sich zukünftige Gehälter an diesem orientieren. Die Grenzen nach oben sind offen.*		x
3. Fondsmanager gehören zu den bestbezahlten Berufsgruppen.	x	
4. Aktienfonds werden passiv verwaltet und erzielen in etwa die Marktrendite. *Berichtigung: Aktienfonds werden aktiv (von einem Fondsmanager) verwaltet und haben das Ziel, den Markt zu schlagen.*		x
5. Dividenden sind Gewinnbeteiligungen, die jährlich auf Grundlage des vom Aktionär gezahlten Preises ausgeschüttet werden.		x

Berichtigung: Dividenden sind Gewinnbeteiligungen, die jährlich auf Grundlage des Nennwertes der Aktie an den Aktionär ausgeschüttet werden.		

6. Wodurch kennzeichnet sich passives Einkommen?

„Mithilfe eines passiven Einkommens haben Personen die Möglichkeit, ***Geld ohne eine aktive Gegenleistung*** *in einem zeitlich festgelegten Rahmen zu verdienen. Eine betriebswirtschaftliche Definition für passives Einkommen gibt es noch nicht – anders als beim aktiven Einkommen kann es aber* ***ohne stetigen Einsatz von Zeit und Arbeit*** *generiert werden. (...)"*

Quelle: https://www.buchhaltung-einfach-sicher.de/passives-einkommen

Ich hoffe, Sie haben sich im Kern an diese Definition erinnert, die ich Ihnen zu Beginn des Kapitels über passives Einkommen zur Verfügung gestellt habe. Weniger der Wortlaut, sondern vielmehr die genannten Eigenschaften sind dabei entscheidend:

- **Ohne aktive Gegenleistung**
- **Zeitliche Festlegung**
- **Abkopplung von Zeit und Arbeit**

7. Wie errechnen Sie den Rendite-Erwartungswert eines Portfolios?

Die durchschnittliche Renditeerwartung eines Portfolios setzt sich aus den durchschnittlichen Renditeerwartungen der einzelnen Anlagen und deren prozentualem Anteil am Portfolio zusammen. Die Rechnung lautet:

Rendite-Erwartungswert Gesamtportfolio =

*(Renditeerwartung Anlage 1 * Portfolioanteil Anlage 1) + (Renditeerwartung Anlage 2 * Portfolioanteil Anlage 2) + (...) + (Renditeerwartung Anlage n * Portfolioanteil Anlage n)*

8. Erklären Sie CFDs.

CFD steht für Contract für Difference, was so viel wie Differenzkontrakt bedeutet. Zwei Parteien verpflichten sich der Ausbezahlung des anderen, sollte die eigene Position (long oder short) nicht eintreten. Die Höhe der Ausbezahlung ist durch die Abweichung des Endkurses im Vergleich zum Startkurs definiert. Mithilfe eines sogenannten Hebels ist es möglich, zusätzlich mit deutlich größeren Positionsgrößen als den eigentlich eingesetzten zu handeln. Da sich der Vertrag lediglich auf den Basiswert stützt, dieser aber nicht wirklich erworben wird, ist ein solches Finanzinstrument problemlos umsetzbar.

9. Welche drei Säulen kennzeichnen eine gute Investition?

Eine gute Investition kennzeichnet sich durch Ausgeglichenheit dieser Säulen:

- **Liquidität**
- **Risiko**
- **Rendite**

10. Nennen Sie drei typische Fehler, die Sie am Kapitalmarkt vermeiden sollten.

Die Liste an typischen Fehlern reicht vermutlich weit über die hinaus, die in diesem Buch thematisiert wurden. Unter anderem diese drei Fehler hätten Sie zur Beantwortung der Frage nennen können, eine abschließende Aufzählung existiert nicht.

- **Fehlende Diversifikation**
- **Ungeeignete Kostenstruktur**
- **Zu starke Reaktion auf äußere Einflüsse**

Bonus: So versteuern Sie Ihre Kapitalerträge

WAS IST DIE KAPITALERTRAGSTEUER?

In diesem Bonus-Kapitel widmen wir uns einmal dem eher unangenehmen Teil, wenn es darum geht, Kapitalerträge zu erwirtschaften. Bisher außen vor gelassen wurde nämlich die sogenannte Kapitalertragsteuer, welche auf die meisten Ihrer Gewinne aus den in diesem Buch genannten Investitionen anfällt.

Bei der Kapitalertragsteuer handelt es sich um eine Abgeltungssteuer, was bedeutet, dass Ihre Steuern direkt vom ausgezahlten Gewinn abgezogen werden. Banken und Broker behalten somit die Steuer für Sie automatisch ein. Das hat neben der Eindämmung von Steuerbetrug unter anderem den Hintergrund, dass Kapitalerträge hauptsächlich auf hohen Summen von Kapital aufbauen. Die direkt abgegoltene Steuer verhindert Gewinne mit den eigentlich zu zahlenden Beträgen, die in der Theorie bereits dem Staat gehören.

Die Höhe der Kapitalertragsteuer beträgt 25 %. Das ist der Prozentsatz, der von jedem Gewinn aus Kapitalerträgen an den Staat abgeführt werden muss. Dies ist ein vergleichsweiser geringer Betrag, vergleicht man ihn mit den teils hohen Einkommen- und Gewerbesteuern, die regelmäßig 40 % betragen. Zu den 25 % der Grundsteuer kommen der Solidaritätszuschlag sowie gegebenenfalls die Kirchensteuer, die allerdings auf die durch die Kapitalertragsteuer versteuerte Summe bezogen werden. Bei Kapitaleinkünften in Höhe von beispielsweise 400 Euro müssten somit 25 % direkt abgeführt werden, zusätzlich allerdings noch Solidaritätszuschlag in Höhe von 5,5 % auf die 100 Euro Abgeltungssteuer. Es entsteht ein zu zahlender Betrag von 105,50 Euro – wenn da nicht der Sparerpauschbetrag wäre.

Jährlich dürfen Singles aufgrund des sogenannten Sparerpauschbetrages nämlich 801 Euro an Kapitalerträgen steuerfrei einnehmen, Ehepaare können zusammen bis zu 1.602 Euro an Gewinnen erwirtschaften. Erst Erträge über dieser Grenze müssen über die Kapitalertragsteuer versteuert werden, weshalb die 400 Euro des vorherigen Beispiels keine Relevanz in der Praxis haben: Sie sind vollständig von der Steuer befreit. Für Sie ist es daher wichtig, entsprechende Erträge aus kostengünstigen Investments zu realisieren, indem Sie Ihre gehaltenen Anteile regelmäßig veräußern. So entsteht die Möglichkeit, jährlich bis zu 801 Euro (bzw. in der

Ehe bis zu insgesamt 1.602 Euro) steuerfreie Erträge zu erwirtschaften und die Position danach wiederzueröffnen.

Die abgeschöpften Gewinne werden dem Finanzamt mitgeteilt und Sie zahlen darauf keine Steuern. Das funktioniert allerdings nur, wenn die Anlagekosten entsprechend gering sind. Entstehen beispielsweise bei Aktienfonds beim erneuten Kauf von Anteilen Kosten in Höhe von ca. 5 % des Investitionskapitals, kann sich eine Gewinnversteuerung mehr lohnen als die Zahlung der Gebühren des Fondsanbieters. Hier ist eine Abwägung zwingend erforderlich, um die wirtschaftlich sinnvollste Entscheidung zu treffen.

Wie wird die Kapitalertragsteuer in der Praxis erhoben? In der Praxis wird seitens des Brokers so vorgegangen, dass bei einem Verkauf der eigenen Anteile ein Gewinnabzug von 25 % inklusive Solidaritätszuschlag erfolgt. Das kann verhindert werden, indem ein Freistellungsauftrag in den Einstellungen des Brokers eingerichtet oder bei der Bank hinterlegt wird. Dieser verhindert die automatische Einbehaltung der Steuer in Höhe des gewünschten Freibetrages – meist 801 Euro.

Aufgrund der Tatsache, dass bei einem passiven Einkommen, beispielsweise mittels Dividenden, häufig deutlich mehr Kapitalerträge als 801 Euro jährlich erwirtschaftet werden, sind weitere Tipps notwendig und sinnvoll, um korrekt mit der Kapitalertragsteuer umzugehen. Im nächsten Abschnitt dieses Kapitels habe ich Ihnen deshalb hilfreiche und vor allem praxisrelevante Tipps zusammengefasst, die Ihnen helfen sollen, nicht in die Steuerfalle zu tappen. Nicht wenige Investoren zahlen mehr Steuern als sie müssten, weil sie sich nicht ausreichend mit diesem Thema beschäftigt haben.

BEACHTEN SIE DIESE TIPPS BEI DER VERSTEUERUNG VON KAPITALERTRÄGEN

1. Versteuern Sie nur die Geldanlagen, die der Kapitalertragsteuer unterliegen

Nicht alle in diesem Buch vorgestellten Möglichkeiten zum Vermögensaufbau sowie zur Erzielung eines passiven Einkommens unterliegen der Kapitalertragsteuer. Abgeführt werden müssen lediglich Gewinne aus Zinsen, Anleihen, Dividenden, Kurssteigerungen, Derivaten und Immobilienfonds sowie weitere, in diesem Buch unerwähnte Finanzprodukte.

Nicht dazu gehören demnach Erträge aus der Vermietung von Immobilien und einem Online-Business, welche zu den gewerblichen Einnahmen zählen. Diese werden mit einem eigenen Steuersatz innerhalb der Einkommen- und der Gewerbesteuer besteuert, der häufig höher als 25 % ist. Wichtig ist deshalb, dass Sie bei der Angabe über Ihre Gewinne nur die Erträge aus den genannten Einkommensarten anführen.

2. Alte Aktien sind steuerfrei

Aufgrund von Steuerreformen haben sich Anfang 2009 die Gegebenheiten für langfristige Anleger geändert, allerdings betrafen diese nur neu erworbene Aktien. Besitzen Sie Aktien aus dem Jahr 2008 in Ihrem Depot, werden diese nicht nur eine enorme Wertsteigerung hinter sich haben, sondern können auch noch steuerfrei veräußert werden. Geben Sie deshalb auch keine Gewinne aus Aktien in der Steuererklärung an, die Sie vor dem Jahr 2009 erworben haben.

3. Beantragen Sie eine Nichtveranlagungsbescheinigung

Alle Personen, die nicht einkommensteuerpflichtig sind, müssen auch keine Kapitalertragsteuer zahlen. Dafür ist die Beantragung einer sogenannten Nichtveranlagungsbescheinigung bei Ihrem zuständigen Finanzamt nötig. Nicht einkommensteuerpflichtige Personen sind zum einen Bezieher von sehr geringen Einkommen oder Kinder. Sinnvoll ist es daher, geringfügige Geldanlagen auf den Namen der Kinder laufen zu lassen, da so möglicherweise Kapitalertragsteuer gespart werden kann.

Selbes gilt für den im vorherigen Abschnitt erläuterten Sparerpauschbetrag in Höhe von 801 Euro. Dieser gilt ebenfalls für Kinder, sodass hier eine Spareinlage angelegt werden kann, die auf die Steuer-ID Ihres Kindes läuft. Wichtig ist dann allerdings eine regelmäßige Umschichtung des Kapitals, um die Gewinne nicht erst nach Überschreitung des Pauschbetrages zu realisieren.

4. Verrechnen Sie Ihre Gewinne mit Ihren Verlusten

Ein bezüglich der Steuer stets interessantes und nicht unkompliziertes Thema ist die sogenannte Verlustverrechnung. Sie dient dazu, erwirtschaftete Gewinne aus dem einen Bereich mit erwirtschafteten Verlusten aus einem anderen Bereich auszugleichen, allerdings nur in begrenztem Maße. Beispielsweise dürfen nicht alle Einkommensarten mit allen anderen Einkommensarten verrechnet werden – so auch bei Kapitalerträgen. Hier gilt die Besonderheit, dass die Gewinne aus Kapitalerträgen ausschließlich mit den Verlusten aus anderen Kapitalerträgen verrechnet werden dürfen.

So spielen beispielsweise Verluste aus der Vermietung einer Immobilie als gewerbliche Einnahme keine Rolle bei der Festsetzung der Kapitalertragsteuer. Bevor Sie also Ihre Gewinne aus Kapitalerträgen an Ihr Finanzamt übermitteln, gleichen Sie diese mit etwaigen erzielten Verlusten aus anderen Kapitalerträgen aus, sodass sich die zu versteuernde Summe verringert. Eine Besonderheit allerdings bilden Gewinne aus einzelnen Aktien, die ausschließlich mit Verlusten aus anderen einzelnen Aktien ausgeglichen werden können. Verluste aus beispielsweise Aktienfonds oder ETFs können demnach nicht dazu genutzt werden, die Gewinne aus einzelnen Aktien zu begrenzen, allerdings können sie sich untereinander ausgleichen.

5. Nutzen Sie Ihren persönlichen Steuersatz

Sinnvoll ist die Übertragung der Kapitalerträge in die Einkommensteuer, wenn Sie unter 20.000 Euro im Jahr verdienen. Dann ist Ihr persönlicher Steuersatz geringer als die von der Kapitalertragsteuer veranschlagten 25 % auf Kapitalerträge, sodass sich eine Besteuerung über Ihre Einkommensteuererklärung lohnt. Dies müssen Sie zuvor allerdings bei Ihrem Finanzamt beantragen.

6. Nutzen Sie den Grundfreibetrag

Befinden Sie sich momentan in Ausbildung, Studium oder in einer wirtschaftlich schwierigen Phase, müssen Sie so gut wie keine Steuern zahlen. Jegliches Einkommen bis zu einer Höhe von 9.744 Euro jährlich ist steuerfrei. Das ist auch für Unternehmer interessant, deren Jahr finanziell nicht so gelaufen ist, wie Sie es sich erhofft hatten. Immerhin etwas Gutes hatte das Jahr dann: Sie können den Verlustvortrag nutzen, um in Zukunft anfallende Gewinne mit den Verlusten aus diesem Jahr zu verrechnen, um so in den kommenden Jahren weniger Steuern zu zahlen.

7. Handeln bei einem ausländischen Broker

Führen Sie Aktienhandel mithilfe eines ausländischen Brokers durch, gibt es nicht viel zu beachten, mit Ausnahme bezüglich der Steuer. Der Anreiz zur Nutzung eines ausländischen Brokers besteht zum einen darin, dass ausländische Aktien oft kostengünstig gehandelt werden können und der Zugriff auf weit entfernte Börsen leichter fällt. Andererseits besteht auch ein kleiner steuerlicher Vorteil, denn die Abgeltungssteuer gilt hier nicht mehr.

Sie sind selbst dafür verantwortlich, die Höhe der Kapitalertragsteuer, welche sich im Übrigen nicht ändert, abzuführen. Das bedeutet, Sie haben das zu versteuernde Kapital länger zur Verfügung und können somit weitere Gewinne erzeugen. Das ist vor allem für das Trading interessant, wenn Sie kein hohes Startkapital zur Verfügung haben. Sie gewinnen durch die selbstständige Abführung der Steuer im Schnitt eine Zinsperiode des zu versteuernden Betrages dazu, was sich bei langfristigen Investitionen lohnen kann, wenn der Kapitaleinsatz entsprechend hoch ist.

Schluss

Nun sind wir am Ende dieses Buches angelangt und ich hoffe sehr, Sie haben einiges an Wissen dazugelernt. Mein Ziel war es, Sie so sanft wie möglich an das Thema Finanzen heranzuführen und Ihnen so beizubringen, was finanzielle Freiheit und finanzielle Intelligenz ausmacht. Die Geschichte ist nämlich noch längst nicht auserzählt, wenn Sie vor dem Lesen des Buches dachten, es gehe schlicht um Sparen und somit um langfristigen Vermögensaufbau mit geringen Renditen. Unter anderem anhand des Fallbeispiels werden Sie bemerkt haben, dass Risikoscheue am Kapitalmarkt keinesfalls bedeutet, dass Sie nur geringe Renditen erwirtschaften können. Auch mit einem in der Risikoklasse überschaubaren Portfolio lassen sich Renditen generieren, die für den Aufbau des privaten Vermögens mehr als attraktiv sind. Sie wissen nun, dass es stets risikovollere Produkte gibt, die für den hier verfolgten Zweck nicht zwingend notwendig sind.

In diesem praxisnahen Ratgeber habe ich Sie zunächst an den Kerngedanken der finanziellen Intelligenz herangeführt: finanzielle Freiheit. Sie zeichnet sich dadurch aus, dass passive Einnahmequellen den Lebensunterhalt sichern und die Arbeitszeit somit vom Einkommenserwerb abgekoppelt wird. Mithilfe des Buches ist es Ihnen hoffentlich gelungen, Ihre persönliche finanzielle Situation auf der Ausgaben- sowie Einkommensseite zu überdenken und möglicherweise auch so zu überarbeiten, dass eine höhere Sparquote entstanden ist. Diese ist – wie Sie wissen – maßgeblich für den Investitionserfolg verantwortlich und trägt einen entscheidenden Anteil an der Höhe des späteren passiven Einkommens.

Dieses kann neben Immobilien ebenso aus Aktienstrategien wie der Dividendenstrategie bestehen, allerdings auch aus alternativen Konzepten, wie beispielsweise einem Online-Business oder Affiliate-Marketing. Weitere Kapitel dieses Buches beschäftigten sich mit der Frage, warum Sie durch Glücksspiel (wahrscheinlich) nicht reich werden, sodass sich die Notwendigkeit der finanziellen Intelligenz mittels Investitionen darauf begründen lässt.

Die in dieses Buch investierte Zeit trug mit Sicherheit dazu bei, Ihren eigenen Horizont zu erweitern und so Ihr persönliches Humankapital aufzuwerten. Sie wissen, dass regelmäßige Weiterbildung bezüglich der Haupt- und Nebeneinkunftsquelle unabdingbar ist, um langfristig finanziell erfolgreich zu handeln und Unabhängigkeit zu schaffen. Weiterhin wünsche ich Ihnen viel Erfolg dabei, die erläuterten Tipps umzusetzen und so einen Einstieg in die Umgestaltung Ihres finanziellen Alltags zu finden. Nutzen Sie Ihre Möglichkeiten.

Im letzten Kapitel dieses Buches befindet sich ein abschließendes Glossar, welches Ihnen alle verwendeten Fachbegriffe erläutert. Ich gehe davon aus, dass Sie bereits während des Lesens mit diesem Kapitel gearbeitet haben, allerdings werden Sie nicht jedes der aufgelisteten Wörter nachgeschaut haben. Insofern lohnt sich also ein finaler Abstecher in das Glossar, sodass dadurch zusätzlich Wissen aus diesem Buch bei Ihnen hängen bleibt.

Glossar

A

Aktienchart: Bildet den Aktienkurs in Diagrammform ab

Aktienkurs: Aktueller Preis einer Aktie an der Börse

Aktiensplit: Erhöhung der Anzahl verfügbarer Aktien, dadurch Verringerung des Aktienkurses (Preis) je Aktie; hat keinen Einfluss auf die Marktkapitalisierung

Aktienzusammenführung: Verringerung der Anzahl verfügbarer Aktien, dadurch Erhöhung des Aktienkurses (Preis) je Aktie; hat keinen Einfluss auf die Marktkapitalisierung

B

BIP: Bruttoinlandsprodukt; misst die Produktion von Gütern im Inland, dazu gehören Waren aller Art und Dienstleistungen

Blue-Chip-Aktie: Aktie eines Marktführer-Unternehmens

Broker: Führt den Kauf von Aktien, ETFs, Derivaten etc. am Kapitalmarkt online nach Anweisung des Käufers durch

Bruttogehalt: Gehalt vor Steuern und Transfers

Budget: Zur Verfügung stehendes Kapital für Ausgaben, Investitionen etc.

C

Cashflow: Überschuss der Einzahlungen über die Auszahlungen in einem Unternehmen

D

Degressive Abschreibung: Verminderte Wertminderung des Gegenstandes über die Zeit. Abschreibungsrate verringert sich über die Zeit, da überproportionale Wertminderung bzw. Nutzung in den ersten Perioden

Diversifikation: Streuung innerhalb des Finanzproduktes bzw. innerhalb des Portfolios; minimiert unternehmensspezifisches Risiko

Dividende: Jährlicher Gewinnanteil an einer Aktiengesellschaft

Dividendenrendite: Prozentuale Kennzahl, die die Relation zwischen gezahlter Dividende und Aktienkurs eines Unternehmens angibt

F

Fixe Kosten: Gegenteil von variablen Kosten; stehen nicht im Zusammenhang mit der konsumierten Menge, fallen auch ohne Konsum an; sind durch Veränderungen des Konsumniveaus nicht veränderbar

G

Gewinn: Erlös abzüglich Kosten

Gewinnmaximierendes Handeln: Unternehmen in vollkommenen Märkten werden ohne Gewinnmaximierung aus dem Markt verdrängt, sodass Gewinnmaximierung Voraussetzung für Bestehen eines Unternehmens ist. Es wird die Menge produziert, die den unternehmensspezifischen Gewinn maximiert

H

Humankapital: Personengebundenes Wissen in einem Fachbereich, welches Firmen in Form von Mitarbeitern nachfragen

K

Kapitalstock: Bestand an Kapital

Kostenstelle: Ort der Kostenentstehung

L

Lineare Abschreibung: Gleichbleibende Wertminderung des Gegenstandes über die Zeit; Abschreibungsrate ändert sich nicht, da gleichbleibende Wertminderung bzw. Nutzung in allen Perioden

Liquidität: Bestimmt, ob eine Firma in der Lage ist, die eigenen Schulden zu bezahlen

M

Marktkapitalisierung: Anzahl der ausgegebenen Aktien eines Unternehmens multipliziert mit dem aktuellen Preis an der Börse; definiert Größe am Kapitalmarkt

Midijob: Geringfügige Beschäftigung; monatliches Arbeitsentgelt zwischen 450 Euro und 1300 Euro

Minijob: Geringfügige Beschäftigung; monatliches Arbeitsentgelt maximal 450 Euro, steuerfrei

N

Nennwert: Angegebener Wert auf einer Aktie; Preis an der Börse liegt bei gesunden Unternehmen über dem Nennwert

Nettogehalt: Gehalt nach Steuern und Transfers

O

OTC-Market: Over the Counter Market; außerbörslicher Handel von Aktien, Derivaten, Devisen etc.

P

Physische Replikation: ETF bildet den Index durch Kauf der jeweiligen Werte direkt nach

Portfolio: Umfasst alle getätigten Investitionen, unter anderem in Aktien, Aktienfonds, Immobilien, Kryptowährungen etc.

Progressive Abschreibung: Erhöhte Wertminderung des Gegenstandes über die Zeit; Abschreibungsrate erhöht sich über die Zeit, da unterproportionale Wertminderung bzw. Nutzung in den ersten Perioden

R

Rendite: Sämtlicher Gewinn aus der Investition abzüglich der zur Erwirtschaftung des Gewinns entstandenen Kosten

Rente (Mikroökonomik): Vorteil aus dem Abschluss des Geschäfts; berechnet sich aus der Subtraktion des gezahlten Betrages von der Zahlungsbereitschaft bzw. des erhaltenen Betrages von den dafür entstandenen Kosten

Restbuchwert: Wert eines Gegenstandes am Ende der Periode laut Abschreibungsplan; entspricht in diesem Buch dem aktuellen Verkaufswert auf dem Markt

S

Synthetische Replikation: ETF bildet den Index durch ein Tauschgeschäft (Swap) indirekt nach

T

Trend: Richtung der Kursentwicklung; kann aufwärts, abwärts oder seitwärts (stagnierend) sein

Trendfolger-Strategie: Trading-Strategie, bei der am Anfang eines langfristigen Trends die Position eröffnet und kurz vor der Trendumkehr geschlossen wird. Der Trader sieht sich in der Rolle als Trendfolger und nicht als Initiator des Trends.

V

Variable Kosten: Gegenteil von fixen Kosten; stehen im Zusammenhang mit der konsumierten Menge und sind demnach durch Verhaltensänderungen veränderbar

Volatilität: Schwankung, beispielsweise des Preises einer Aktie (Aktienkurs)

Volkswirtschaftslehre: Analysiert gesamtwirtschaftliches Geschehen und Zusammenhänge von menschlichem Handeln und der Ökonomie; entwickelt Theorien und Modelle als Handlungsvorschläge

Vollkommener Markt: Markt mit vollständiger Konkurrenz; Unternehmen sind Preisnehmer, haben also keinen Einfluss auf den Marktpreis; Nicht-Gewinnmaximierer scheiden aus dem Markt aus

Quellenverzeichnis

- https://buildtogrow.de/passives-einkommen-aufbauen/
- https://de.bergfuerst.com/ratgeber/abgeltungssteuer
- https://de.statista.com/statistik/daten/studie/1045/umfrage/inflationsrate-in-deutschland-veraenderung-des-verbraucherpreisindexes-zum-vorjahresmonat/
- https://de.wikipedia.org/wiki/Wirtschaft_der_Vereinigten_Staaten
- https://generation-finanzen.de/finanzen-im-griff-meine-tipps-zum-budgetieren-und-sparen/
- https://generation-finanzen.de/money-mindset/
- https://gruenderplattform.de/blog/passives-einkommen#moeglichkeiten
- https://lesen.amazon.de/?asin=B07ZDM6QJ7
- https://lesen.amazon.de/?asin=B081S9VTG5
- https://lesen.amazon.de/?asin=B0927PM9M7
- https://lesen.amazon.de/?asin=B09DQ4HSRW
- https://magazin.comdirect.de/finanzwissen/glossar/performanceindex
- https://meine-renditeimmobilie.de/blog/allgemein/passives-einkommen-aufbauen/#immobilien
- https://skapa-invest.de/glossar/dividendenrendite/
- https://www.berlin.de/special/finanzen-und-recht/geldanlagen-und-kredite/3644816-2625158-lottogewinn-ploetzlich-reich-und-dann.html
- https://www.biallo.de/geldanlage/ratgeber/etfs-physisch-synthetisch/
- https://www.brokerdeal.de/dividendenstrategie-wie-es-geht-und-warum-es-sich-lohnt/
- https://www.buchhaltung-einfach-sicher.de/passives-einkommen
- https://www.commerzbank.de/portal/de/ratgeber/finanzen/schritt-fuer-schritt-zur-finanziellen-unabhaengigkeit.html
- https://www.deutschlandinzahlen.de/tab/deutschland/arbeitsmarkt/arbeitszeit/arbeitstage
- https://www.financescout24.de/wissen/ratgeber/7-tipps-verbesserung-kreditwuerdigkeit
- https://www.finanzen.net/
- https://www.finanzen.net/nachricht/aktien/value-investing-so-funktioniert-die-anlagestrategie-von-warren-buffett-7453245
- https://www.finanzen.net/ratgeber/wertpapiere/rohstoffhandel-wie-anleger-in-rohstoffe-investieren
- https://www.finanzfluss.de/geldanlage/cfd/
- https://www.finanzfluss.de/geldanlage/zinseszinseffekt/
- https://www.finanzfluss.de/podcast/folge-177/

- https://www.finanzfluss.de/rechner/finanzielle-freiheit/
- https://www.finanztip.de/abgeltungsteuer/
- https://www.finanztip.de/blog/konto-leer-am-monatsende-so-kriegen-sie-ihre-ausgaben-in-den-griff/
- https://www.focus.de/finanzen/geldanlage/lotto-millionaer-was-nun-jackpot-gewonnen-so-schuetzen-sie-sich-und-ihre-millionen_id_4970886.html
- https://www.fool.de/2020/01/11/100-000-euro-dividende-pro-jahr-ist-das-wirklich-moeglich/
- https://www.forbes.com/advisor/de/geldanlage/aktienindex/
- https://www.gehaltscoach.de/tricks_tipps.php
- https://www.gevestor.de/finanzwissen/aktien/indizes
- https://www.google.com/url?sa=t&rct=j&q=&esrc=s&source=web&cd=&ved=2ahUKEwjKmcjXsu_zAhUODewKHVw7AVQQFnoECAQQAQ&url=https%3A%2F%2Fwww.stepstone.de%2FUeber-StepStone%2Fwp-content%2Fuploads%2F2021%2F02%2FStepStone-Gehaltsreport-2021.pdf&usg=AOvVaw3mqDxQZX2kF6fPKCgOY_1i
- https://www.hanseaticbank.de/klarmacher/vorsorgen/kredit-abbezahlen-oder-geld-anlegen-wann-lohnt-sich-was
- https://www.immonovia.de/passives-einkommen-immobilien/#Passiv_Geld_verdienen_mit_Immobilien
- https://www.law-school.de/studium/jurastudium/ueber-das-studium/volljuristische-ausbildung
- https://www.mathematikum.de/mathematikum-online/aus-dem-mathematikum/zum-mond-falten
- https://www.postfinance.ch/de/privat/beduerfnisse/anlagewissen/was-sind-derivate.html
- https://www.stepstone.at/Karriere-Bewerbungstipps/6-gute-grunde-fur-eine-gehaltserhoehung/
- https://www.vergleich.de/anlagetipps.html
- https://www.wechselgott.com/warum-dich-dein-coffe-to-go-10-000-euro-kostet/
- https://www.youtube.com/watch?v=8tDUJclIaww
- https://www.youtube.com/watch?v=boF1EomJnB8&t=2s
- https://www.youtube.com/watch?v=NtLaJWlZf4g
- https://www.youtube.com/watch?v=qggzwdO9k_o
- https://www.zinsen-berechnen.de/sparrechner.php

Wir danken Ihnen für Ihr Interesse und Ihr Vertrauen. Als Dankeschön dafür, haben wir eine besondere Überraschung. Wir haben einen **ultimativen Leitfaden für Einsteiger ins Aktien- und Börsengeschäft** für Sie. Und dieses erhalten Sie vollkommen kostenlos. Das klingt wunderbar? Dann warten Sie nicht lange und holen Sie sich Ihr Gratis-Geschenk.

Hier geht es zu Ihrem Gratis-Geschenk:

https://forms.gle/gduy3doWN5ejuaub9

1. **Öffnen Sie die Kamera-App auf Ihrem Smartphone und richten Sie die Kamera auf den QR-Code.**
2. **Klicken Sie auf den Link, der Ihnen angezeigt wird und schon werden Sie zur Website weitergeleitet.**

Impressum

Verlag: Orbita Media Verlag GmbH & Co. KG / Ericusspitze 4 / 20457 Hamburg / Deutschland
Website: https://orbita-media.de
Cover Image: Shutterstock
ISBN: 9783989358577

Haftungsausschluss:
Die Nutzung dieses Buches und die Umsetzung der enthaltenen Informationen, Anleitungen und Strategien erfolgt auf eigenes Risiko. Der Autor kann für etwaige Schäden jeglicher Art aus keinem Rechtsgrund eine Haftung übernehmen. Haftungsansprüche gegen den Autor für Schäden materieller oder ideeller Art, die durch die Nutzung oder Nichtnutzung der Informationen bzw. durch die Nutzung fehlerhafter und/oder unvollständiger Informationen verursacht wurden, sind grundsätzlich ausgeschlossen. Rechts- und Schadenersatzansprüche sind daher ausgeschlossen. Dieses Werk wurde sorgfältig erarbeitet und niedergeschrieben. Der Autor übernimmt jedoch keinerlei Gewähr für die Aktualität, Vollständigkeit und Qualität der Informationen. Druckfehler und Falschinformationen können nicht vollständig ausgeschlossen werden. Es kann keine juristische Verantwortung sowie Haftung in irgendeiner Form für fehlerhafte Angaben vom Autor übernommen werden.

Die bereitgestellten Analysen, Vorschläge, Ideen, Meinungen, Kommentare und Texte sind ausschließlich zur Information bestimmt und können ein individuelles Beratungsgespräch nicht ersetzen. Alle Informationen dieses Buches entsprechen dem Kenntnisstand zum Zeitpunkt des Verfassens dieses Buches. Eine Haftung für mittelbare und unmittelbare Folgen aus den Informationen dieses Buches ist somit ausgeschlossen. Informieren Sie sich weitläufig aus unterschiedlichen Quellen und bedenken Sie, dass am Ende nur Sie für die Entscheidungen verantwortlich sind.

Haftung für externe Links
Unser Angebot enthält Links zu externen Websites Dritter, auf deren Inhalte wir keinen Einfluss haben. Deshalb können wir für diese fremden Inhalte auch keine Gewähr übernehmen. Für die Inhalte der verlinkten Seiten ist stets der jeweilige Anbieter oder Betreiber der Seiten verantwortlich. Die verlinkten Seiten wurden zum Zeitpunkt der Verlinkung auf mögliche Rechtsverstöße überprüft. Rechtswidrige Inhalte waren zum Zeitpunkt der Verlinkung nicht erkennbar.

Urheberrecht:
Das Werk einschließlich aller Inhalte, wie Informationen, Strategien und Tipps ist urheberrechtlich geschützt. Alle Rechte vorbehalten. Nachdruck oder Reproduktion (auch auszugsweise) in irgendeiner Form (Druck, Fotokopie oder anderes Verfahren) sowie die Einspeicherung, Verarbeitung, Vervielfältigung und Verbreitung mit Hilfe elektronischer Systeme jeglicher Art, gesamt oder auszugsweise, ist ohne ausdrückliche schriftliche Genehmigung des Autors untersagt. Die Inhalte dürfen keinesfalls veröffentlicht werden. Bei Missachtung werden rechtliche Schritte eingeleitet.

www.ingramcontent.com/pod-product-compliance
Lightning Source LLC
LaVergne TN
LVHW010812051026
849532LV00007B/2515